「なんだか生きづらい」が スーッとなくなる本

杉田隆史

三笠書房

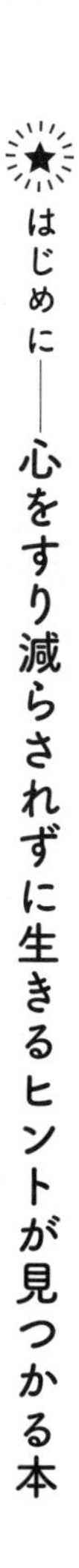

はじめに——心をすり減らされずに生きるヒントが見つかる本

こんにちは。心理セラピストの杉田隆史と申します。
この本をお手にとっていただき、ありがとうございます。

あなたもどこか**「生きづらい」**と感じることがあり、この本に手を伸ばしてくださったのでしょうか？

私も長年、「生きづらい」と感じていました。あなたと同じです。
ところで、あなたにとって、「生きづらい」とは、具体的にどういう感覚のことですか？

私にとって、「生きづらい」とは、
「まわりの人は、自分よりずっと楽に生きているように見える」

「なぜ、みんなが当たり前にできることに、いちいちつまずいているんだろう？」

そんな感覚でした。これらの感覚は子供の頃からあったのですが、「生きづらい」と言葉にできたのは、高校生の頃でしょうか。

社会人になってからは、さらに生きづらくなって仕事を転々とし、海外に逃げたり、自信をなくして1年以上引きこもったりしていました。苦しんだ期間はかれこれ20年くらいでしょうか。長い間、生きづらさに振り回される生活を続けていたんです。

ところが、そんな私が、今では逆に、生きづらい方の悩みをお聴きして、その方が楽になるサポートをしています。

気がつけば、私自身の生きづらさもなくなり、悩みがあってもバッタリと倒れ込むようなこともなくなっていました。そんな中で、ふと思ったことがあります。

生きづらさがなくなったのは、なぜなのだろうか？

昔の私と、今の私は、何が違うのだろうか？

頑張って自分を変えたから、生きづらさがなくなった？

いや、意識的に「自分を変えた」という自覚はないですし、むしろ、生きづらい頃の私のほうが、はるかに頑張って生きていたと思います。


では、良いことがたくさん起こったから、生きづらさがなくなった？

確かに、生きづらさから抜け出した後は、良いことが起きている気はしますが、生きづらい頃だって良いことは起きていたし、単純に「良いことの数」の話ではない気がします。


では、どうして「生きづらさ」がなくなったのか？

その答えは、**「悩みとうまく付き合えるようになったから」**だと思っています。

人は、どんなにお金持ちになろうが、どんなに高いスキルを身につけようが、「悩み」が完全になくなることはないですよね。

つまり、元気な人も悩みがないわけではないんですよ。でも、悩みとうまく付き合えるから、やり過ごせる。日常を楽しむ余裕がある。

一方、生きづらい人は、悩みに膨大な時間やエネルギーをとられて、日常を楽しむ余裕がない。だとすると、かつて私が、「まわりの人は、自分よりずっと楽に生きているように見える」と感じていたのも納得がいきます。

となると、「悩み」に関しては、悩み自体がなくなるわけではないですから、「悩みをなくす」ことよりも、「悩みとうまく付き合っていく」ことを考えるほうが大切になってくるんだと思います。

そこで本書は、私が「生きづらさ」から抜け出す時のカギとなった、「悩みとうまく付き合うコツ」についてお伝えしていきます。

もちろん、「生きづらさ」については、「生まれつき明るい」とか、「良い両親に育てられた」とか、先天的なものや生育歴の影響は大きいと思います。

でも、それですべて決まってしまうというなら、私自身の変化、そして元気になられたクライアントさんの変化を説明することができません。

「悩み」とは、大人になってからでもうまく付き合えるようになれます。私もいい歳になってからそのコツを身につけましたから、あなただって全然遅くありません。

悩み自体はなくなることはないし、人は「悩むな！」と言われても、なにかしら悩んでしまうものです。だったら、上手に悩めるほうがいいじゃないですか。

さあ、それではご一緒に、悩みとうまく付き合うコツを学んでいきましょう！

杉田隆史

もくじ

Contents

★はじめに――心をすり減らされずに生きるヒントが見つかる本 03

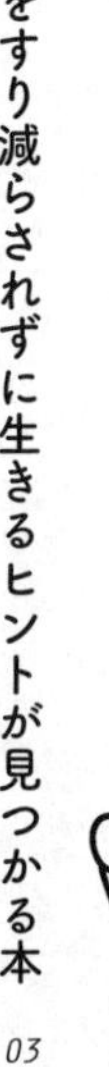

序章

「生きづらさ」という悩み
――みんな〝自己流〟で向き合ってきた

「悩みとの上手な付き合い方を知らない」から生きづらい 19
「たしかにそうなんだけど……」アドバイスにモヤモヤする理由 23
「正体」がわかるだけで少しホッとできる 27
心で感じたことを素直に「味わってみる」と 33

1章

「ちょっと遠くから」見るだけでクヨクヨは小さくなる

——前向きな気持ちになれる〝落ち込み方〟

賢く「白旗をあげる」という方法　39
メジャーリーガーにだって「悩めないこと」がある　39
「仕分け」してみると荷物は半分くらいになる　42
見えるものを決めるのは「目」ではない　44
自分に「何を見せてあげたい」か？　45
怒られたのは「これっぽっち」のこと　48
事の「小ささ」に気づける簡単な方法　50
「それをすることで幸せになれるのか？」　52

「当たり前の押し売り」に負けない 54
思い込みを「手放す」シンプルな問い 57
「思ってはいけない」と思ってはいけない 59
「不良も存在を認めてあげると立ち直る」がセオリー 61

2章 「うまくやろうとしない」とうまくいく
——無理はしないけど満足はできる〝頑張り方〟

葛藤の「迂回ルート」 67
「ここぞ！」だけ押さえたら100点 68
「ぐるぐる思考」にはまってしまうワケ 72
自己嫌悪には「中毒性」がございます 74

「何を」頑張るかは自分が選べる　77
「無理している」自分に気づく　80
「見返り」は求めてしまうもの　83
この言葉のシャワーで「罪悪感」が芽を出す　86
頑張ることこそ「数量限定」で　88

3章

少しくらい「足りなくていい」

――完璧ではない自分も好きになれる〝自信の持ち方〟

「不完全さ」こそ愛したい　95
「ない」がないのも味気ない　96
〝短所〟を〝能力〟にあっさり変える方法　100

子供の頃のクセは、せつない「やさしさ」から生まれた 101
「ある分野の天才」かもしれないあなた 103
「根拠のない自信」にも必ず根拠はある 107
良い評価を「受け取る」訓練 112

4章 「こうあるべき」を手放した時、そっと解決していく

——心をすり減らさない〝人間関係のつくり方〟

とっつきにくい人には「クスッとできる」あだ名を 119
呼び名は「役割」を与える 120
「正しさ」で人は動かない 124

「共感」されると誰しもうれしい 125
「暑いね」と言った相手がほしいもの 128
命令形のない命令文 131
ディフェンスのフリをしたオフェンス 134
「忘れよう!」とすることを忘れた時、忘れられる 137
いくつかの「場所」を持つメリット 139
一つの幸せが、いくつもの悩みを消してくれる 140
相手の良いところを言葉にして全部伝える 142
「そのままの大きさ」でいい 144
自由に配れる「言葉」というプレゼント 147

5章

「かなえる」だけじゃない幸せのかたち

——余計な悩みをふるいにかける〝やりたいことの見つけ方〟

「つい、やってしまう」ことが教えてくれるもの 151

〝好き〟は自分の心が「知っている」 153

探そうとしていたものは「意外とシンプル」 154

休日がうれしいのは、平日働いているから 157

やりたいことの「解像度」を上げてみる 159

「決めない」という立派な決定 163

タイミングは「相手にゆだねて」しまう 165

悩みが「なくなっても」不安 169

「やりたいと思いたいだけ」のことに振り回されない 170

「続ける」以外の尊い選択肢 174
あきらめられないから、つらくなる 175
幸せに「絶対ルール」はない 179

最終章

小さな「生きづらさ」ほど長引くから
——ちゃんと助けを求め、心の栄養補給をする

「生きづらい」を生きてきた者として 187
「まだ大丈夫」の落とし穴 192
正しいネガティブのススメ 196

★おわりに——「理想の自分」になれなくても、「自分」にはなれる 210

イラストレーター　Yamauchi Yosuke

序章

「生きづらさ」という悩み

——みんな〝自己流〟で向き合ってきた

「自分が何に悩んでいるかわからない」

「なんだかいつもモヤモヤしている」

「悩みがありすぎて整理できない」

そんな生きづらいあなたへ、

この章を心を込めて贈ります。

「悩みとの上手な付き合い方を知らない」から生きづらい

「悩みがある時、あなたはどうしますか？」

こんな質問をされたら、一瞬なんて答えたらいいか迷いますよね。

友人に相談する？　趣味で気分転換する？　とにかく寝て忘れる？　それとも、お酒を飲む？

たしかにそれも、何もしないでストレスを溜め込むよりはいいかもしれません。

でもあらためて聞かれると、「悩み」がある時って、どうすればいいかわかっているようでわかっていないというか、その都度なんとなく対応しているって気がしませんか？

じつは、この質問からこんなことがわかります。

まず、**私たちは、「悩み」についてあまり知らないんですね。**

というか学校でも家庭でも、

「悩みとは何か？」とか、

「どうして悩みが起きるのか？」とか、

「悩みがある時、どうすればいいか？」とか、
そんな話は具体的に教えられていないと思います。

そのために私たちは、かなり「自己流」で悩みと付き合ってきている、といえるのではないでしょうか。**みんな「自己流」で悩んできた**のです。


となると問題になるのは、その「自己流」がうまくいっていない人たちです。

「悩みとうまく付き合えない人」は、それだけで人生が大変になります。そういう人は、平穏な日常の中からでも、「悩み」をどんどん見つけ出してしまいますから、**「悩み」と向き合うだけでエネルギーを使い果たして、心身ともに疲れきってしまうんです。**

けれども、そんな自分の違和感に気づきながらも、「正しい悩み方」を知らないわけですから、いつまでたっても「自己流」のまま悩みと付き合って、生きづらい毎日を続けてしまいます。

ピンチの切り抜け方は「自分で見つけなくてもいい」

本書は、そんな「『悩み』との上手な付き合い方を知らないがゆえに、生きづらい毎日をすごしてきた人」のために書かれた本です。

学校や家庭では教えてもらえなかった「悩みとの上手な付き合い方」を、具体的にお話ししようと思っています。

もちろん、こんなご意見もあると思うんです。

「そんなことできるの？　悩みなんていくつもあるわけだから、いちいちどうすればいいかなんて教えようがないんじゃない？」

たしかにそうかもしれません。でも私たちって、日々の暮らしの中で、**困った時、ピンチの時にどうすればいいかって、基本は人から教えてもらっている**ことが結構多いんですよ。

たとえば地震がきたら、「机やテーブルの下にもぐる」とか、「大揺れがおさまったら火やガスを止める」とか、そんなことを学校の避難訓練で習いましたよね。もし最初にそういう基本を教わらなかったら、地震がきた時どうすればいいかなんて、わからないままではないでしょうか。

ところが、「悩みがある時」というのは、地震と同じように、困った時、ピンチの時の話なのに、対処法について体系立てて教えてもらったことがほとんどありません。考えてみれば「悩み」って、地震よりもっと身近で、もっと頻繁に起こるものなのに、その対処法を知らないなんて、なんとも、もどかしい気がしませんか？

もちろん、「悩み」の対処法について知れば、すべてが万々歳というわけではありません。けれども、わからないのであれば、まず知ろうとしないと、どうにもならないですよね。

大きな地震の時、何も知らずにいつまでも突っ立ったままでは危ないですから。

「たしかにそうなんだけど……」アドバイスにモヤモヤする理由

本章に入る前に、少しだけ弱音を吐かせてください。

じつは、「生きづらさ」や「悩み」について、人の役に立つようなことを書くのはなかなか難しいんですよ。

たとえば、こんな悩みを持っている人がいたとしましょう。

「最近、あれこれ考えすぎちゃって、何もできなくて……」

そんな時その人に、「そんなに考え込まないで、何か一つやっちゃえばいいじゃん！」なんてアドバイスしたとします。

これって、アドバイス自体は、ある意味正しいんですよね。

でも実際にそんなこと言ったら、言われたほうは、なんか気持ちがわかってもらえない淋しさを感じると思いますし、「それができないから、悩んでるんだよ！」って、言い返したくなるのではないでしょうか。

ではこれから、なぜ「悩み」に対して正論があまり役に立たないのかをお話しします。

それにはまず、「悩みとは何か？」を知る必要があります。

コントロールできることなんて「ほんの一部」

それでは「悩みとは何か？」について、一つの悩みを例にとって考えてみましょう。

「起業したいのに、何も活動していない」という悩みを持っている人がいたとします。

この人は、今やっている仕事がつまらなくて、会社を辞めたいと思っている。自分が起業したいこともはっきりしている。それなのに、なぜか起業をスタートできず、ふと気がつくと半年間も何もしていなかった、なんていう状況だとしましょう。

こんな時、この人の心の中をちょっと想像してみてください。

おそらくこの人は、「起業したい」と思っていると同時に、心の奥に、**「起業したくない」と思っている「もう一つの心」があるのではないか、**そんなふうに、あなたの経験からも想像できませんか？

このような、心の奥にある「もう一つの心」のことを、**「無意識」**と呼びます。

では「無意識」という言葉があまり聞き慣れない方のために、もう少し詳しく「無意識」についてお話ししましょう。

私たちの日常は、「意識」と「無意識」によってコントロールされています。

意識とは、「自分で自覚できること」、無意識とは、「自分で自覚できないこと」です。

この2つが私たちをコントロールしている割合ですが、じつは圧倒的に「無意識」のほうが多くて、**自分が自覚してやっていることはごく一部にすぎない**と言われています。つまり、私たちは、自分では自覚できないところで、多くの活動が勝手になされていることになります。

これは、ちょっと考えてみればわかります。

たとえば今、あなたの左手はどこにありますか？

では、あなたはその左手を、「そこに置こう」と思って置いていましたか？

そうじゃないですよね。知らないうちに、いつの間にか左手をそこに置いていましたよね。

では、あなたの右足は、「その場所に置こう」と思って置いていますか？

知らないうちに、いつの間にか右足をそこに置いていましたよね。

どれも知らず知らずのうちにやっていますよね。

このように、呼吸など生命の維持に関係していることばかりでなく、行動も左右し、さらに**思考や感情の方向づけにも「無意識」は大きな影響を与えている**と言われています。

もしかしたら、あなたがこの本を買ったということも、どこか無意識の影響があるのかもしれません。

「正体」がわかるだけで少しホッとできる

それでは、そんな意識・無意識の話をふまえて、あらためて「悩み」の正体を明らかにしていきましょう。

ではもう一度、「起業したいのに、何も活動していない」という悩みを例にしてお話ししていきます。この悩みをよく見ると、意識と無意識がバラバラなことを考えているのがわかります。

意識は、「起業したい」と思っているけれど、無意識は「起業したくない」と思っている。

つまり、**悩んでいる状態とは、「意識と無意識の欲求がぶつかり合って、葛藤が起きている状態」**なんです。それをもっとわかりやすい公式にしてみましょう。

悩みの公式

（意識では）〜したいのに　（無意識では）〜できない
（意識では）〜したくないのに　（無意識では）〜してしまう

ほとんどの心の悩みは、こんな公式で説明できます。たとえば、

「（意識では）もっと積極的に行動していきたいのに、（無意識では）それができない」
「（意識では）あの人に意地悪したくないのに、（無意識では）つい意地悪してしまう」

「悩み」というのはとらえどころがないものと思いがちですが、こんなふうにちゃんと正体があるんです。

ということで、まずはあなたの「悩み」を、この公式に当てはめて考えてみてください。自分では、深い悩みだとか、複雑な悩みだとかと思っていても、この「悩みの公式」に当てはめてみると、意外とシンプルなことに悩んでいる、という答えに行き

ついたりするんですよね。

この「悩みの公式」から見えてくることは、「悩んでいる時」というのは、悩んでいる本人が、「わかっちゃいるけど、やめられない」という、ちょっと特殊な状態のことなんですね。

だから、先にも述べたように、「最近、あれこれ考えすぎちゃって、何もできなくて……」という人に対して、「そんなに考え込まないで、何か一つやっちゃえばいいじゃん！」なんて言うのは、「わかっちゃいる」相手に、「わかっちゃいること」をアドバイスしていることになるわけです。むしろ相手の気持ちを考えたら、**正論をストレートに言えば言うほど、解決から遠ざかっていく**ことにもなりかねません。

「悩み」に対して、「正論」は役に立たないのです。

正論では解決しないし、「ありのままでいい」ではもの足りない

でも世の中の、「悩み」について書かれた本の中には、「ポジティブに考えて行動し

なさい」とか、「人のことは気にするな」とか、思いっきりストレートに正論をアドバイスしてくる本が多くありませんか？　そういう言葉って、本を読まなければならないほど悩んでいる人には、まぶしすぎると思うんですね。

一方で、なんでもかんでも「ありのままでいいですよ～」みたいな本も結構ありますよね。悩んでいる時というのは、「何かが足りない」と感じている時ですから、根拠なくそんなに全面肯定されても、なんだかもの足りなくありませんか？

私は、もともと「悩みとうまく付き合える人」というのは、きっと、悩みとうまく付き合うノウハウをたくさん持っているんだと思います。でもそういう人は、それを「悩みとうまく付き合えない人」に、うまく説明できないのではないでしょうか。

それは、あなたが外国人から、「なんでそんなに日本語がうまいんですか？」と聞かれて、うまく説明できないのと同じです。

自分がいつの間にか覚えてしまったことって、できない人にやり方を「わかりやすく」説明できないですよね。それに、もし仮に説明できたとしても、もともとできる人のやり方は、できない人にはどこか参考にならないことも多いものです。

英語が本当に苦手な人には、「英語のラジオを聴いていたら、自然と英語を覚えました」みたいな話ってあまり参考にならないじゃないですか。

だからこそ、ここで私の出番なのかなと思います。

私が20年間も悩みとうまく付き合えなかったこと、そして現在心理セラピストをやっていること、その両方の経験があるからこそ、お話しできることがあると思っています。

というわけで、「悩み」に上手に対処するための本とは、

「ただ正しいことをアドバイスすればいいってもんじゃない」
「ただ全面肯定していればいいってもんじゃない」
「ただ一部の人だけができるやり方を教えればいいってもんじゃない」

というなかなか難しいものになるのですが、本書ではその3つを意識して書きました。

基本的には、私が心理セラピストとして活動してきた中で思ったことを、居酒屋で

友人にウダウダ話すような感じで書いています。

したがって、ポジティブすぎる正論や、「それ、お前しかできないだろ！」というようなことは書いてありません。むしろみなさんが**簡単にできること**ばかり書いています。

また、全面的に「ありのままでいいですよ～」のように、ただ放っておくこともありません。〝こんな時はどう考え、どうすればいいか〟ということの**具体的なヒント**もあります。

私にとって本書は、悩んでいた頃、「こんな本があったらいいなぁ」と思っていたものを形にしたものなんです。

心で感じたことを素直に「味わってみる」と

それでは序章の最後に、少しだけ大事なお話をしましょう。
「この本のどこに〝一番大切なこと〟が書かれているか？」というお話です。
最初に知っておくと、本を読むのが楽ですよね。
あなたはどこに〝一番大切なこと〟が書いてあると思いますか？
最終章？　メインの1～5章全部？　もしかして、この序章だったり？

その答えは……

〝あなたの頭の中〟です。

あなたの頭の中以上に、〝一番大切なこと〟が書かれている場所はありません。

本書の内容が、あなたの頭の中にすでにある情報と結び付くことで、何かに気づいたり、何かアイデアが浮かんだり、何かやってみようと思ったりする。そういうものこそ何物にも代えがたい大切なものです。

ですから、私がもし「この本をどんなふうに読んだらいいですか?」とたずねられれば、こうお答えします。

読みながら、あなたの頭に浮かんできたことを、体で「感じて」、「味わって」みてください。そしてそれを「言葉」にしてみてください。できれば、それを文字に書いてみてください。

それでは、次の章からは、特に「生きづらさ」を感じやすい5つの場面、

「落ち込んでしまう時」

「頑張れない時」

「自分に自信が持てない時」

「人間関係がうまくいかない時」

「何がしたいかわからない時」

そんな場面で起こる、さまざまな悩みに対して、うまく対処する方法を探っていきましょう。

1章

「ちょっと遠くから」見るだけでクヨクヨは小さくなる

——前向きな気持ちになれる〝落ち込み方〟

「あれこれ考えすぎ」
「いつもネガティブだね」
「打たれ弱いよね」
「なんでそんなにこだわっているの?」
なんて人から言われるけど、
そんなこと言われると、
よけいに悩んでしまうあなたへ、
この章を心を込めて贈ります。

賢く「白旗をあげる」という方法

昔の私は、いつも悩みと「一人相撲」を取っていました。人のちょっとしたしぐさを見ては、自分が嫌われているんじゃないかと思ったり、なんでも人と比べては、自分が劣っていることを気にしていました。さらに、「悩んでいないと悪いことが起こるんじゃないか」とか、「あらかじめ心配しておけば、実際に悪いことが起こってもショックを受けないんじゃないか」とまで思って、いつも律儀(りちぎ)に悩んでいました。

メジャーリーガーにだって「悩めないこと」がある

でもある時、当時メジャーリーガーだった松井秀喜(ひでき)選手とイチロー選手が、同じよ

うなことを言っているのを知って、ハッとしたんです。その言葉は、

「自分にコントロールできることと、できないことをまず分ける。そしてコントロールできないことには関心を持たないようにする」

これを聞いて、私は、松井選手とイチロー選手のような超一流の選手でさえ悩めないことを悩もうとしていたのかと思って、なんだか自分が滑稽（こっけい）に思えてきました。

たしかに自分の悩みをよくよく考えてみると、自分の力ではコントロールできないことばかり悩んでいたんですよね。

たとえば、「まわりの人にどう思われるか心配で……」なんて悩み。これってよく考えると〝悩めない〟んですよね。あなたは「まわりの人」じゃないですから。

「仕事が決まるか心配で……」なんて悩みもそう。採用を決めるのは、「その会社の人事」ですから。

じゃあ、何なら悩めるのか？　悩んでいいのか？

それは、**「自分にできること」**だと思うんです。

もしかして、「悩めないこと」に悩んでいる？

「まわりの人にどう思われるか心配で……」ということであれば、まわりの人に良い印象を持ってもらうために、**「自分にできること」については悩める。でもそれ以外は悩めない。**

「仕事が決まるか心配で……」ということであれば、書類選考や面接で良い結果を出すために、「自分にできること」については悩める。でもそれ以外は悩めない。

別の言い方をすれば、「結果そのもの」は悩めなくて、「どうしたら結果を出せるか」だけが悩めるということなんでしょう。

「仕分け」してみると荷物は半分くらいになる

私は今では、自分が悩んでいることに気づいたら、「これは自分がコントロールできることに悩んでいるのか？　それとも自分ではコントロールできないことに悩んでいるのか？」って、すぐに自分に質問するようにしています。

もし悩めないことに悩んでいると気づいた時は、松井選手とイチロー選手でさえ悩めないことを悩もうとしている自分を笑い飛ばします。「オレ、自分のこと何様だと思っているんだ！」と。そうすると、ふと肩の力が抜けてくるんです。

ということで、あれこれ悩んでいる時はまず、あなたの悩みを思いつくだけ書き出して、それが、「自分で悩めることかどうか」仕分けしてみてはいかがでしょう。

そうすると、あなたの悩みって、半分くらいの数になりませんか？

残った半分の悩みとどう付き合うかは、この先探っていきましょう。

——「自分にできること」については悩める。
でも、それ以外は悩めない。

見えるものを決めるのは「目」ではない

ある日のカフェで、見知らぬ女性グループが、大きな声で話をしているのが聞こえてきました。

「もうちょっと気をきかせてくれてもいいのに……」

「前はやってくれたのに」

「そんなことするなんて信じられない！」

ほとんどすべての会話が、現状や相手への不平不満、自分がいかに軽んじられているか、いかにツイてないかという、いわゆる〝グチ〟なんです。

グチを言えば、たしかにスッキリします。でも、いつもグチばかり言っていると、自分の意識が、「不平不満」のほうに向いてしまいますから、**ふだんから「不平不満」ばかりが目につきやすくなってしまう**んです。

自分に「何を見せてあげたい」か？

私が子供の頃以来、久しぶりにディズニーランドに行った時のことです。

記憶の中のディズニーランドはカラフルで、明るい音楽が流れていて、園内のみんなが目をキラキラさせて笑っている、そんな夢の国のようなイメージだったんです。

ところが意外だったのは、**大人になってディズニーランドを冷静に見たら、結構「つまらなそうにしている人」もいた**んですよ。

その日は、急に大雨が降ってきたせいもあったんですけど、雨の中、つらそうにアトラクションに並んでいる人がいたり、地面にへたり込んでいるご家族がいたり。

私の印象では、3分の1くらいの人は、楽しそうというより、疲れきっているように見えたんです。

そんなことに気づいたら、ヘンなイタズラ心が出てきて、わざと園内にいる「つまらなそうにしている人」に、片っぱしから「意識」を向けてみたんですよ。
すると、いるわいるわ。ケンカしているカップルがいたり、家族で来ているのに「帰る、帰らない」でもめているご夫婦がいたり。そんな「つまらなそうにしている人」たちがどんどん目につきだしたんです。
さっきまでミッキーやシンデレラ城に気をとられて見えなかったものが、ちょっと「意識」を向ける方向を変えるだけで急に見えてきちゃうんですね。夢の国にも「つまらなそうにしている人」たちがいるなんて、それまで全然気がつきませんでした。

よく、「ものごとは良いことばかりでもないけれど、悪いことばかりでもない」なんて言われますけど、それは夢の国であるディズニーランドでさえも例外じゃないんですね。ミッキーがいるというのも、「つまらなそうにしている人」がいるというのも、どちらも本当のディズニーランド。それが現実。**「そのどちらを見るか」だけは、自分が選べる**ということなんですね。

もし私が、冒頭のカフェにいた人たちに、

「そんなにいつも不平不満ばかり言っているのは、ディズニーランドの中にいるのに、つまらなそうにしている人ばかり探して見ているのと同じですよ」

なんて言ってしまったら、きっと彼女たちは怒って、こんなふうに反撃してくるに違いありません。

「あんた、ナニ言ってるの！　今はグチ言ってるけど、私たちだってディズニーランドに行ってまで、わざわざつまらなそうにしている人なんか見ないわよ！」

あらあら、私たちはふだんから、ディズニーランドよりずっと大きくておもしろい、「人生」というテーマパークの中にいるんですよ。

あなたはそんな「人生」というテーマパークで、つまらなそうなものばかり探して見ていませんか？

——「目」が見えるものを決めるのではない。
「意識」が見えるものを決める。

怒られたのは「これっぽっち」のこと

人から怒られるって、イヤですよね。恐いし、落ち込みますし。

昔の私も、ちょっと怒られただけですぐ耐えきれなくなって、1週間で仕事を辞めたりしていました。実際、その頃の私が、どんなふうに考えていたかというと、たとえば「杉田さん、パソコンもっと勉強してください！」と怒られた時、

私って、パソコンできないよなぁ……
←
というか私、仕事できないよなぁ……
←

そういえば、私、甘えて、努力してこなかったよなぁ……

↓

ということは、私の人生ダメだよなぁ……

↓

ん？　ということは、私＝ダメ？

↓

も、もしかして、私＝無価値？

↓

生まれてどうもすみませ〜ん！

このような感じで、自分を全否定しちゃうわけですよ。つまり、**「一部を全体として見ている」**んですね。

私が怒られた「パソコンできない」というのは、「自分の一部」にすぎないのに、まるで「自分全体」を否定されたかのようにとらえているんです。そりゃ、落ち込んじゃいますよね。

事の「小ささ」に気づける簡単な方法

でも、「自分の一部にすぎない」ということが、頭ではわかっていても、いざ怒られている時は、あまりそうは思えないこともあるかと思います。

そんな時は、**怒られたことがどれくらいか、「絵にしてみる」**といいんです。

怒られた時というのは、全身に水を浴びせられたような気分になりますから、自分がイラストのAのような状態だと思えます。でも実際、「パソコンできない」というのは、Bのような状態ですよね。あなたには他にもたくさんの「できること」も「できないこと」もあって、「パソコンできない」というのもその中の一つにすぎません。

その「たった一つだけ」が怒られているんです。

「絵にしてみる」と、怒られたことが一部だったとはっきりわかりますよね。

——メガネは顔の一部です。
怒られたのはあなたの一部です。

怒られているのは、たった一つだけ

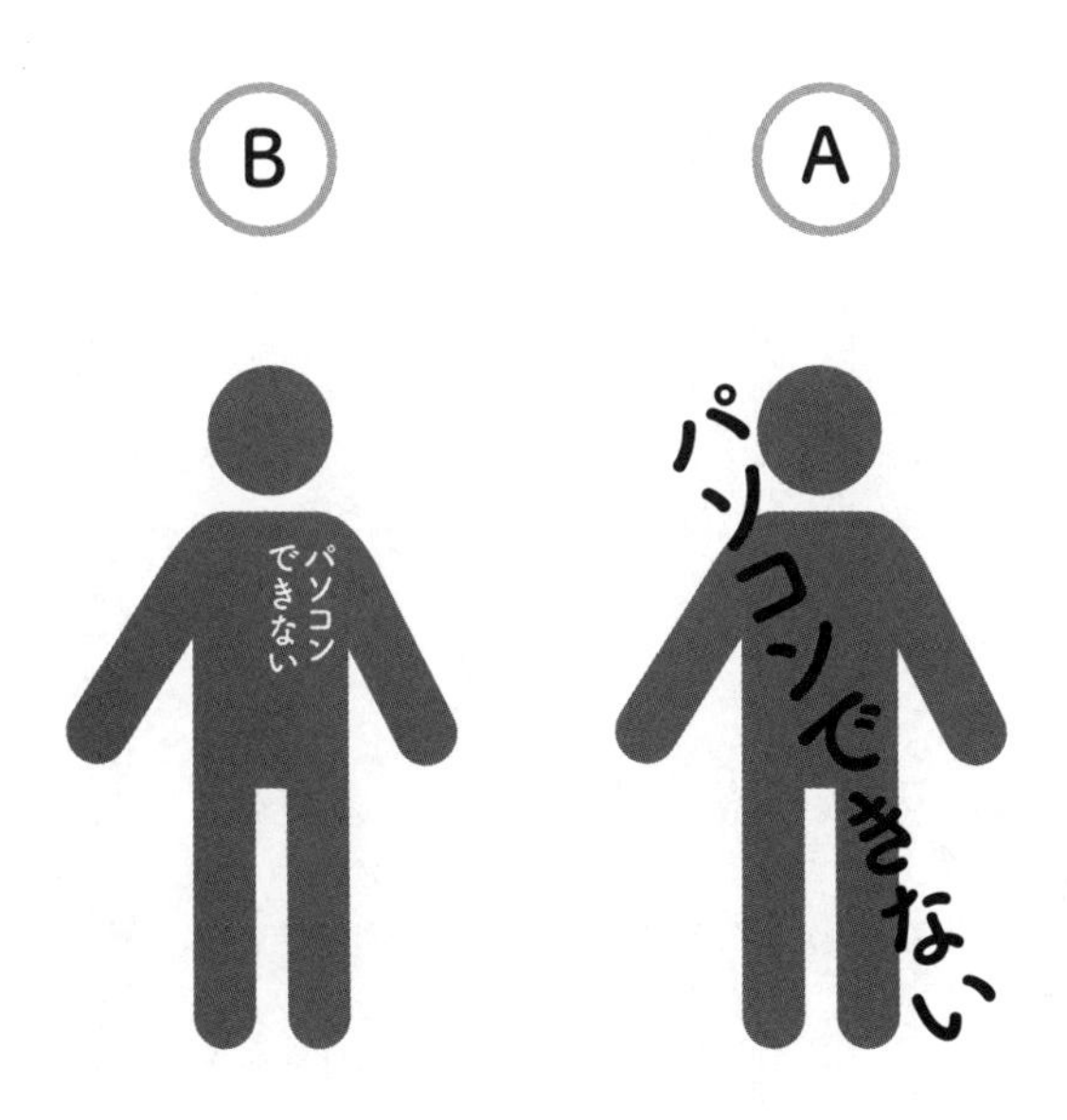

「それをすることで幸せになれるのか？」

私が小さい頃は、まだテレビが一家に一台の時代だったので、「チャンネル争い」ってものが存在しました。今考えると、なんか笑っちゃいますね。

私の家族でも時々、父と子供たちの間で「チャンネル争い」が起きましたが、そんな時、父はいつもこう言うんです。「大人はニュースを見なきゃダメだ」って。

今にして思えば、父は子供たちの見たいアニメなんかにまったく興味がなく、もっともらしい理由をつけて、自分の見たい番組を正当化したかったんだろうと思います。

でも、こういう言葉を繰り返し聞くことで、「思い込み」って生まれますよね。「あっ、大人になったら、ニュースを見なきゃいけないんだ」って。

それと似たようなことで、父は他にも「新聞を読まないなんて、大人じゃない」なんてこともよく言っていました。

だから私は、父から直接、「ニュースを見ろ!」とか、「新聞を読め!」とか言われてはいないのに、やっぱり大人になったら、「それぐらいしなきゃダメなんだな」って思うようになっていたんです。


でも、ニュースや新聞って、本当にすべての人に必要なんでしょうか?

そりゃ社会人なら、新聞は読んだほうがいいと思うんですけど、でも本人が、「特にその情報が必要ではない」、しかも「読んでも楽しくない」と思っているのに、それでも「新聞を読まなきゃいけない」って思っているのって、なんかヘンですよね。本人に全然メリットがない。

それから、テレビのニュースに関しても、「最近の暗いニュースとか見てると、なんか不安になっちゃうんです」なんて言いながら、「とりあえずニュースだから見なきゃ」とか思っている人もいたりします。

たしかに世の中の出来事を知るのは大切かもしれないけれど、たとえば、殺人事件のニュースを何度も繰り返し見たり、犯人の詳細を知るのって、そんなに必要なのでしょうか。もしそれで不安になったり、気分が悪くなったりするくらいなら、見ないほうがいいですよね。

「当たり前の押し売り」に負けない

ということで、ここまでは、「大人はニュースを見なければいけない。新聞を読まなければいけない」という「思い込み」についてお話ししましたけど、他にも、**世間ではそうするのが当たり前のように思われているけれど、じつは自分にとってマイナスなのに、それに気づかずにやってしまって苦しんでいる**、そんな「思い込み」って結構あると思うんです。

たとえば、英語が必要でもないし、好きでもない人が、なぜか「英語くらい話せなきゃ」なんて思い込んでいることってありませんか。そういう人は、当然モチベーションが低いですから、英語の勉強を始めても続きませんし、何度も挫折しては、できない自分を責めたりします。

また、「みんなと仲良くしないといけない」なんて思い込んでいる人もいます。

たしかにみんなと仲良くしたほうがいいとは思います。ただ「人それぞれ」という前提が正しいのなら、自分が「仲良くできる人」と、「仲良くできない人」がいても不思議ではないですよね。

それなのに、「仲良くできない人」がいると、一方的に「自分が悪い」と思って、自分を責める人がいます。こういうのも自分を不幸にする一つの「思い込み」ではないでしょうか。

そんな自分を不幸にする「思い込み」の中で、私が最も苦しんだのは、「仕事」に関する「思い込み」でした。

「給料はガマン料だ」、「仕事はイヤなことやってナンボだ」

高度経済成長期を生き抜いた父は、けっして悪気があって言ったわけではないと思います。でもこんな父の言葉から、私は、「そうか、**仕事って自分がイヤなことをガマンしてやるもんなんだ。楽しいことやっちゃダメなんだ**」って思ったんですね。

ところがどうも私は、仕事をガマンして続けていく能力がなくて、辞め続けてしまいました。

私は今でも父の言っていた、「給料はガマン料だ」、「仕事はイヤなことやってナンボだ」ということは、ある意味、正しいと思います。でも、**いくら正しくても、自分に「合わない」ことってあるんですね。**どんなに健康に良い食べ物でも、自分が嫌いだと食べられないように。

そんな私も、立ち直っていく過程で、自分を不幸にする「思い込み」に気づいていったんでしょう。「アレ? イヤなことをガマンするだけが仕事じゃないのかも……」と思って行動し始めたら、なんだか楽になって、気がつけば今の仕事をしていました。

もしあのまま、「仕事はイヤなことやってナンボだ」と思い込んでいたら、今でも仕事を辞め続けていたと思います。

でもこれは、「だからあなたもイヤな仕事は辞めて、好きなことやっちゃいなよ!」とかオススメしているわけではありません。これはあくまでも私の中にあった、自分を不幸にする「思い込み」を捨てたというだけで、あなたを不幸にする「思い込み」は、また違うと思います。**自分を不幸にする思い込みは、人それぞれ違うんです。**

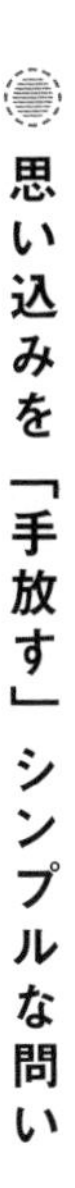

思い込みを「手放す」シンプルな問い

今の私は、自分のやっていることに、どこか違和感を感じる時は、シンプルにこう質問してみます。

「～することで、私は幸せになれるのか?」

あまりにシンプルすぎるがゆえに、こういう質問、ふだんなかなかできないんですよね。

たとえばこんな感じです。

「ニュースを見ることで、私は幸せになれるのか?」
「新聞を読むことで、私は幸せになれるのか?」
「イヤな仕事をガマンすることで、私は幸せになれるのか?」

この質問の答えは、人それぞれ違います。

ニュースを見たほうが幸せになれる人もいるし、見ないほうが幸せになれる人もいる。

新聞を読んだほうが幸せになれる人もいるし、読まないほうが幸せになれる人もいる。

イヤな仕事をガマンしたほうが幸せになれる人もいるし、ガマンしないほうが幸せになれる人もいる。

今あなたが毎日やっていることで、どこか違和感があることはありませんか？

そして、それをすることは、本当にあなたを幸せにしていますか？

――「あなたが幸せになれるか」がすべて。

「思ってはいけない」と思ってはいけない

まだまだ本書も始まったばかりですけど、ここまでいかがでしたか？

「自分で悩めることだけを悩まなきゃ」とか、「良いことに意識を向けなきゃ」とか、「自分が幸せになることをしなきゃ」とか、他にもいろいろ考えた方もいらっしゃるかもしれません。

でも本書を閉じたあと、そんなことはすっかり忘れて、悩めないことを悩んでしまったり、悪いことばかり考えていたり、ヘンな思い込みにとらわれていたり……なんてことも、ないとは言えません。

そういう時って、自分に「ダメ出し」しますよね。「あ〜、何やってんだろう。悪いことばかりに意識を向けちゃダメ。もっと良いことに意識を向けなきゃ」なんて。

でも、そんなふうに**自分の気持ちに「ダメ出し」して、前向きな気持ちを持とう持とうと思っても、いつまでたっても持てないことってありませんか？**

多くの人は、「気持ち」を変えたい時、「Aと思っちゃダメ、Bと思わなくちゃ」と自分に「ダメ出し」することで、「気持ち」を変えようとします。

ところがコレ、じつはかなり不自然なことをやっているんですよ。

なぜなら**「気持ちはいつも間違っていない」**からです。

たとえば、気温が15度の日に、あなたは「暑い」と思って、あなたの友人は「寒い」と思ったとします。これって、どちらかの「気持ち」が正しくて、どちらかの「気持ち」が間違っているなんてことはないですよね。

ということは、「Aと思っちゃダメ、Bと思わなくちゃ」というのは、「15度で〝暑い〟はダメです。〝寒い〟と思わなくちゃ」みたいな話を自分に言い聞かせているのと同じなんですよ。

それはいくらなんでも不自然な話でしょう。だってこっちは暑いから、「暑い」って言っているわけで、それを否定されても困るわけです。

　ということで、もしあなたが、「気分が晴れない」と思うのなら、あなたにとって気分が晴れないだけの理由があるんだろうし、もしあなたが、「アイツは憎たらしい」と思うのなら、あなたにとって、アイツが憎たらしいだけの理由があるんだろうし、あなたのその「気持ち自体」はけっして間違ってないんですよね。

「不良も存在を認めてあげると立ち直る」がセオリー

　でも、あなたがそういったAという「気持ち」を、「好ましくない」と思っている、できればそう思いたくないと思っている。そんな時どうすればいいかというと、**あなたの中の「好ましくない気持ち」を排除するのではなく、自分の中に「在るもの」として認めること。**まずはこれがスタートなんです。

　「心の悩み」って、「体の病気」と似ています。

　人は体からの痛みや違和感など「調子が悪い」というサインを無視し続けると、大きな病気になりますよね。

「心の悩み」もそれと同じで、自分の中にある、「好ましくない気持ち」を無視することから始まります。無視され、排除されそうになった気持ちは、あなたにその存在に気づいてほしくて、よけいに強く暴れて存在をアピールしてくるわけです。それが「心の悩み」となって現われます。

となると、多くの人がやっている、「Aと思っちゃダメ、Bと思わなくちゃ」とは、「Aの存在を否定」していることになりますから、逆効果ですよね。

ですから、「Aと思っちゃダメ、Bと思わなくちゃ」の代わりに、こんなふうに気持ちを言葉にしてみるのはいかがでしょうか。

「今はAだけど、Bになりたい自分もいる」

(例)「今は気分が晴れないけど、前向きになりたい自分もいる」

「今はあいつを憎たらしいと思うけど、もう少し好きになりたい自分もいる」

こういうのが、ありのままの「気持ち」ですよね。**相反する気持ちが同時にあったり、いくつもの気持ちが重なり合っているのが自然**だと思うんです。

テレビの学園もののドラマでは、まわりからさんざん否定されて、暴れている不良が出てきますね。そんな不良を立ち直らせるのに必要なことも、もっと否定することではなく、「存在」を認めてあげることでしたよね。

Aという「好ましくない気持ち」の存在にも気づいてあげると、「やっと気づいてくれたかぁ」って、ちょっとだけあなたに優しくなって、前向きになるお手伝いをしてくれるはずですよ。

——「気持ち」はいつも間違っていない。

2章

「うまくやろうとしない」とうまくいく

——無理はしないけど満足はできる"頑張り方"

「やらなきゃいけないのに、
ついダラダラしちゃうんです」
「何をやっても続かないんですよ」
「頑張ってないなと思って、
いつも自己嫌悪に……」
そんなふうにいつも「頑張る」に
こだわってしまうあなたへ、
心を込めてこの章をお贈りします。

葛藤の「迂回ルート」

平日のうちは、「休日はあれやって、これやって」なんていろいろ考えてはみるものの、結局何もしないで一日が終わってしまう。そんな、「家でついダラダラすごしてしまう」という悩みを持っている人って、カウンセリングの現場で多いんです。特に社会人になって数年の若い世代に多い悩みでしょうか。

そんな私も、かつては同じ悩みを持っていたんですけど、ある時、スポーツニュースを観ていて、ふといいアイデアを思いついたんです。

野球とかサッカーとか、スポーツの試合を観ていると、解説者が、「このプレーで試合の流れが変わりましたね～」なんて言うことがあるじゃないですか。

そこで思ったのは、スポーツだけではなく、一日の生活の中でも、**その日全体の流**

れを決める、「ここぞ！」というポイントがあるんじゃないかと思ったんです。

つまり、一日中気合を入れて、完璧にすごすのは難しいとしても、「ここぞ！」というポイントだけに一点集中すれば、その日一日、なんとかなるのではないだろうかと。

そこでまず、私の「家でついダラダラすごしてしまう」一日を振り返って、次ページの図のように表わしてみました。

「ここぞ！」だけ押さえたら１００点

図を見た時、この中で一日の流れを悪くしてしまっているのは、「ランチのあと」だと思いました。おそらくここで「昼寝」をしなければ、なんとか一日がうまく流れるような気がしたんです。

でもこんな時、「ランチのあと、昼寝しない！」って目標を掲げるのはあまり良くありません。広告とかで「絶対見ないでください！」なんて言われると、ムズムズして、かえって見たくなりませんか？ 「昼寝しない！」と目標を掲げているうちは、

家でついダラダラすごしてしまう一日

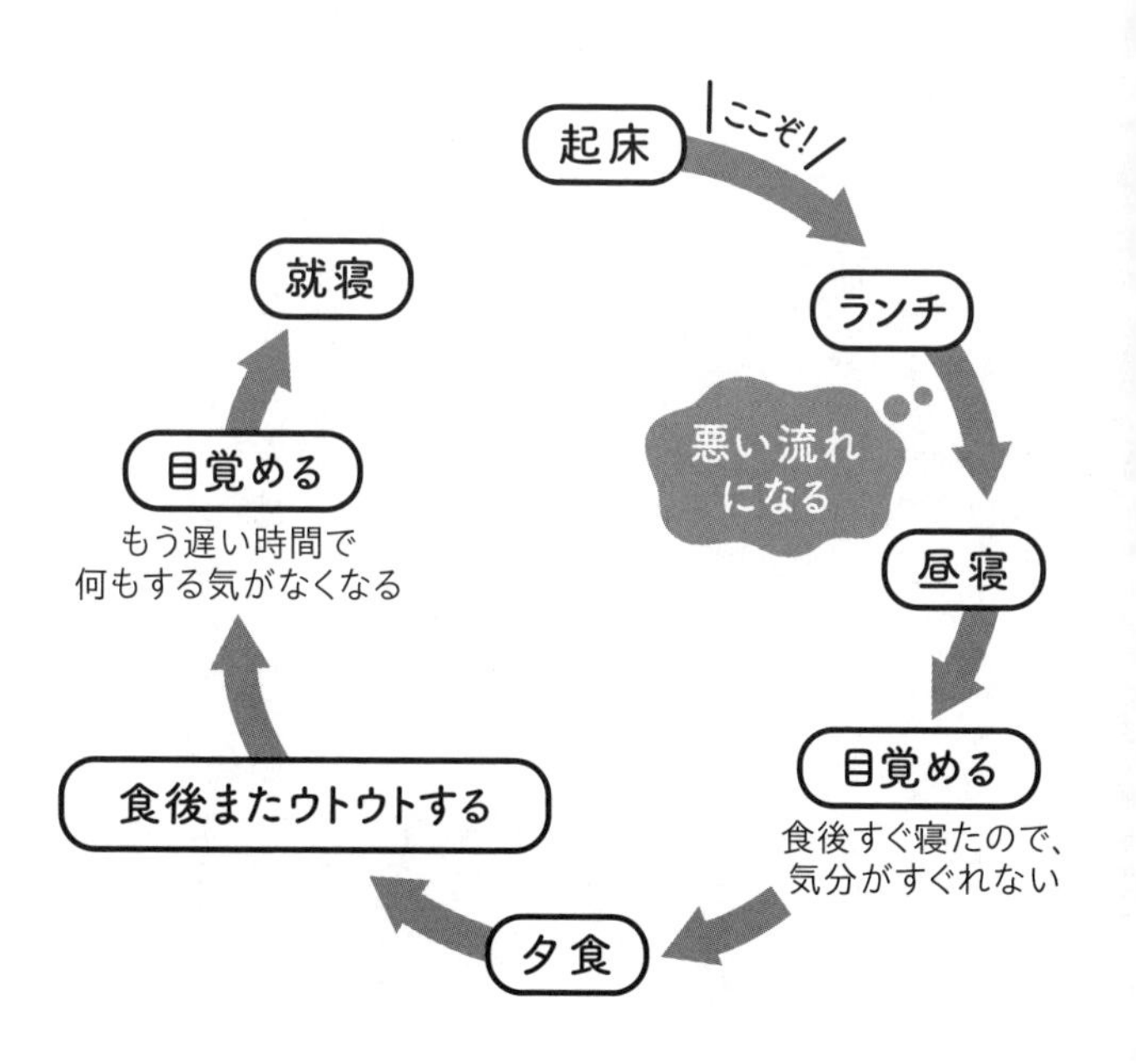

よけい「昼寝」を意識させられることになりますからね。

それに現実的に考えてみても、休日のランチのあと、おなかがいっぱいになった時に、「昼寝したい、いやダメだ……」なんていう葛藤に耐えるなんて、とても無理な気がしませんか？　そんな場面で、その葛藤に耐えられる人は、そもそも休日をダラダラすごしたりはしないでしょう。もっと無理のない方法で、「昼寝をしないように」考えなければなりません。


では、どうすればいいかというと、ランチのあと「昼寝したい、いやダメだ……」という**葛藤が起きないようにすればいい**んです。つまり、「昼寝」というのは、家にいるから寝てしまうわけで、もしこの時、家にいなければ、この葛藤は起きないということになります。

それで、「あっ、ランチの前までに外出してしまえばいいんだ！」と思ったんです。

ですから私にとっての「ここぞ！」というポイントは、一日中気合を入れて頑張ることでもなく、「ランチのあと、昼寝しない」と注意することでもなく、自分のすべてのエネルギーを「ランチの前までに、外出する」という、ただ一点に集中することにしました。

また、この時、「外出することそのもの」が目的であって、「どこに外出するか」は問題ではないので、「近所のカフェに行けばいいや」とハードルの低い外出をしました。

これを実際にやったら、とてもうまくいったんです。ランチ前に外出すれば「まだ一日たっぷりある」と余裕をもってスタートできるし、その流れに乗って、一日をいい感じですごせました。ですから今では、いい休日をすごしたい時は、こう考えます。

「ランチの前までに外出できれば完璧。あとは何もできなくてもOK」って。

あなたの一日の流れを決める「ここぞ!」というポイントはどこですか?

そして、そこで何をしますか?

——葛藤に「耐え」ようとしない。
葛藤は「起きない」ようにする。

「ぐるぐる思考」にはまってしまうワケ

「家で資格試験の勉強をしようと思うのに、できない」とか、「不倫をやめようと思うのに、やめられない」とか、

そんなふうに自分でやろう（または、やめよう）と思っていることができないと、あとで落ち込みますよね。「あぁ、またやっちゃった。私ってなんてダメなんだろう」なんて。

こういうのが、いわゆる**「自己嫌悪」**ですよね。

ところが実際は、何度も「自己嫌悪」におちいっているのに、一向に改善されないことってありませんか？

たとえば、「家で資格試験の勉強をしようと思うのに、できない」って、図のよう

「勉強しよう」と思うのにできない自己嫌悪スパイラル

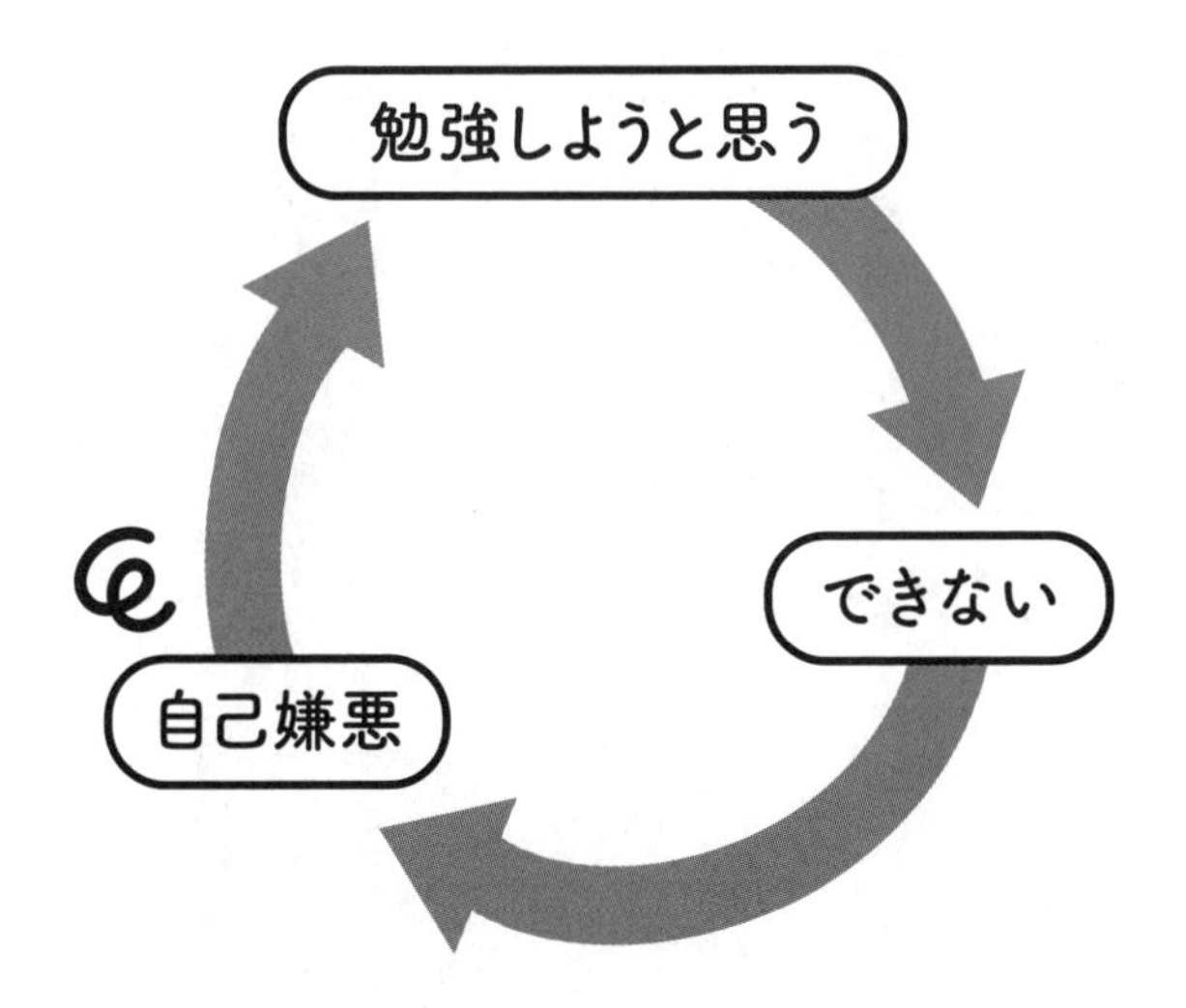

な感じですよね。

この図をよく見ると、自分では**良かれと思って、「自己嫌悪」することが、かえって悪いスパイラルを強化している**ことがわかります。おかしな話ですが、ここでは、「自己嫌悪するから勉強できない」、という一つの型ができあがっているんです。

こういうスパイラルを断ち切りたい場合は、むしろ思いきって、**「自己嫌悪」しないほうがいい**んですよね。

でもマジメな方は、「自己嫌悪しないなんてとんでもない！　それじゃ反省したことにならないし、自分のマイナス面が直せないでしょ！」なんて思うみたいです。

でもこの「自己嫌悪」というのは、じつはなかなかの曲者（くせもの）なんですよ。

自己嫌悪には「中毒性」がございます

なぜ「自己嫌悪」が曲者なのかというと、「自己嫌悪」とは、一見本人が反省しているようで、じつは**それは「本当の反省」ではない**からなんです。

それを先に挙げた例でお話ししますと、「不倫をやめようと思うのに、やめられない」というのは、いくら言いわけしたところで、現実はズバリ、「不倫している」わけですよね。

でもそれで悩んでいるということは、そんなことをする自分を認めていないというか、「本当の自分は、不倫なんてしない、ちゃんとした自分なんだ」って思いたいんですよ。

つまり、**「自己嫌悪」って、「いいとこ取り」しているわけ**です。

現実では、しっかり不倫して欲を満たしておきながら、「本当の自分は、不倫なんてしない、ちゃんとした自分だよね」って思うことで、同時に「自分に希望を持つ」こともできるんです。

「家で資格試験の勉強をしようと思うのに、できない」も同様で、現実ではしっかり勉強をサボっておきながら、「本当の自分は、ちゃんと勉強する自分だよね」って思いたいんです。

やりたいことをやって、自分に希望も持てて、まさに「いいとこ取り」ですよね。

そうなると**「自己嫌悪」って、「自分で自分を許して、ガス抜きしている」**ような気がしませんか？　それって、反省しているのとは逆ですよね。

どうでしょう、あなたは自分を許すために「自己嫌悪」していませんか？

――「自己嫌悪しない」ことで自己嫌悪しないこと。

「何を」頑張るかは自分が選べる

カウンセリングをしていると、私から見れば、十分頑張っているように見える方が、「頑張ってないから、私、ダメなんです」といった話をされます。

でもどうなのでしょう。

頑張っていないと、本当にダメなんでしょうか？ 頑張っていないと、本当に良い人生をおくれないのでしょうか？

ここではそんな、「頑張ることと、その結果の関係」についてお話をしていきたいと思います。

それではあなたに質問です。

質問1

あなたは明日テストがあります。出題範囲はテキスト100ページ分。あなたはAとB、どちらのほうが高い点を取れると思いますか？

A 100ページ勉強する

B 10ページ勉強する

まあ、これはAでしょうね。絶対とは言いませんけど、まあ間違いないでしょう。

こういったケースでは、「頑張る」量と「結果＝いい点を取る」におおいに関係があるように思えますよね。頑張れば頑張るだけ結果が出るというか。

では2問目です。

質問2

あなたは会社の同じ部署に気になる人がいます。あなたはAとB、どちらのほうがその人とお付き合いできると思いますか？

A 気になる人に意識的に好かれる努力をする

B 特に何もしない

このへんになってくると、だんだん微妙になってきますよね。

「お付き合い」というのは、相手あってのことですから、ただ自分が頑張るだけではどうにもならないこともあります。いくら頑張ってもお付き合いできないこともあれば、そんなに頑張らなくてもお付き合いできてしまうこともありますよね。

そうなると、「頑張る」量と「結果＝お付き合いする」が必ずしも比例しないというか、質問①ほどわかりやすい関係が成り立たないように思えませんか？

でも、特に何もしないよりは、自分から意識して好かれる努力をしたほうが、お付き合いできる可能性が多少は高そうだから、一応答えはAなのかな？

それでは3問目です。

質問3

あなたは幸せになりたいと思っています。あなたはAとB、どちらをしたほうが幸せになれると思いますか？

A―頑張る

B―頑張らない

これはAと答える人の方が多いのではないでしょうか。

でもこの答えって本当は難しいんですよね。たしかに頑張れば、「達成できること」は増えるでしょうから、その分の喜びは増えると思うんです。

でも**人は、「本当に好きなことは頑張らなくてもできる」**んですよね。

「無理している」自分に気づく

では、ちょっと以下の文章を読んでみてください。文章を読んだ時、どんなふうに感じますか？

「大好物のスイーツを頑張って食べる」

どこか不自然だと思いませんか？　大好物なのに、なんで頑張って食べるんだと。喜んで食べられるはずだろうと。

もしこの文章が成立するとしたら、「すごくたくさんの量のスイーツを食べている」とか、「すでにおなかがいっぱいなのに、無理してスイーツを食べている」とかいう意味に取れるかもしれません。

では次に、この文章はどうでしょう。

「彼と頑張ってデートしている」

これは、「彼女が忙しかったり、体調が悪かったりで大変なのに、時間を作ってデートしている」とか、もしかしたら「あまり好きではない彼のために、無理してデートしている」とか、そんな意味にも取れるかもしれません。

ということは、**頑張るって、基本は「無理」しているん**ですよ。

頑張っている時って、「もっと自分のペースでやりたい」とか、「本当は他のことをやりたい」とか、「じつはやりたくない」という気持ちを抑えて「エイヤッ！」とやっている時なんですね。

私は、**目の前に報酬をぶら下げられなくても、人から評価されなくても、自分の内側から湧き出てきて、思わずやってしまうものが「本当に好きなこと」**だと思うんです。人は、そういう「本当に好きなこと」をやる時間を多く持てることを幸せな人生と感じるのではないでしょうか。

だとすると、頑張らないといけない人生って、あまり幸せではないのかもしれません。頑張っている時って、その時は本人が、大なり小なり「あまりやりたくないことを無理して」やっているわけですから。

でも、私がそんなことを言うと、こんなふうに怒りだす人もいるでしょう。

「じゃあ、なにかい？　人生って頑張らないでいいの？　そりゃないでしょう！　たとえ〝あまりやりたくないことを、無理して〟頑張ったとしても、その結果、何かを達成できたり、相手が喜んでくれたりして、それで自分が報われればいいじゃないの？」なんて。

では、それを一つの例で考えてみましょう。

「見返り」は求めてしまうもの

ある人が、まわりからは「どう考えても受からない」と言われたのに、高校3年間猛勉強して、東大に受かったとしましょう。

この人は、東大に受かった瞬間は、歓喜の絶頂ですよね。これで、睡眠時間を削り、遊びたいのをガマンして勉強した3年間が報われたと。

自分を律し、犠牲（ぎせい）を払えば払うほど、合格した喜びが身にしみるでしょう。

ただ、そうやって**すごく頑張って得たものって、その分、影も大きいんですよね。「私は、これだけ苦労したんだから」っていう、苦しんだ分の見返りを求めてしまう**部分がありませんか？

そうなると、この人がその後、人生であまりうまくいかない時、たとえば就職の時、あまり納得できる仕事につけなかったとか、それほど収入がもらえない時とか、「私は東大を出たのに……」と、よけい苦しむこともあるのではないでしょうか。

私にもこんな経験があります。

私が無職でフラフラしていたある時、「もうこんな情けない生活イヤだ！　そうだ、英語ができるようになれば就職できるかもしれない！」なんて思って、今までの人生で一番「頑張った」と言えるくらい英語を勉強したんですね。TOEICでレベルAのスコアをとり、これでようやく就職のための武器を手に入れたと思ったのに、いざ就職活動を始めると、まったくうまくいかない。すっかり自信をなくした私はその後、1年4カ月引きこもります。つまり、前より悪い状態になってしまったんですね。

私が引きこもるまでに至った理由は、表面的には「就職に自信をなくしたから」ということですが、今になって思うと、**「あれだけ自分を律し、犠牲を払って勉強したのに……」**という見返りを得られないショックのほうが大きかった気がします。今までの人生で一番「頑張った」と思ったからこそ、よけい就職できないことがつらくて、引きこもったんじゃないかと思うんです。

もちろん、頑張って英語を勉強したことは、自分の中では間違いなく成功体験になっています。人にほめられたし、自分にも自信がついたし、他にも多くのことを得たと思っています。

でも、もうちょっと大きな視点、長い時間のスパンで冷静に見てみると、頑張って手にしたものって、どこか持てあますというか、身にあまるというか、自分で自然に使いこなせないような感じも一方であるんです。

あなたも「頑張って」手にしたことが、長い目で見れば、結局元に戻ってしまったり、むしろかえって前よりも悪い結果になってしまったりしたことはありませんか？

たとえば、わかりやすい例で言うと、「ダイエット」ってそうですよね。

頑張って一時的には痩せるのに、長いスパンで見ると、元に戻ってしまったり、リバウンドしてかえって前より太ってしまったり、という人がほとんどだと聞きます。それに一度痩せると、「これが私のベスト体重だ」と思いますから、その体重にならない自分を前より厳しく責めるようになるのではないでしょうか。

となると、**「頑張る」ということは、人生に幸せをもたらすと同時に、大きな影をもたらす**ということなんです。だから、どっこいどっこいかなと。

この言葉のシャワーで「罪悪感」が芽を出す

と、ここまでいろいろお話ししてきましたが、私がお伝えしたいことは、「頑張るということは、幸せに関係ないものではないが、幸せを決める決定的なものではない」ということなんです。要は、**みなさんが思っているほど、「頑張る」は幸せに関係ないのでは**、ということです。

でも、ほとんどの人が、「頑張らないと幸せになれない」と思っているんですよね。なぜなら、**日本に生まれたら「頑張りなさい」のシャワーを浴び続ける**からです。「頑張ればいいことある」って親、先生、テレビ、映画、小さい頃聞かされる昔話やアニメにまで言われたら、そりゃ、みんな頑張りますよね。

私も昔は「頑張れば幸せになれる!」って信じて生きてきましたから、悩んでいた頃のほうが、今よりはるかに頑張って生きていたと思います。

ところが不思議なことに、幸せじゃなかったんですね。

では問題はなんなのか?

私は「頑張る」こと自体は、全然悪いことではないと思うんです。

ただ問題なのは、「何を」頑張るかってことです。

日本に生まれ育つと、「ＨＯＷ（どうやって、どのくらい）頑張るか」という話はよくされますが、**「ＷＨＡＴ（何を）頑張るか」という議論が抜け落ちている**気がします。いつの間にか、「なんでもかんでも」頑張ることが良いことだと思わされているような気がしませんか？　頑張っていないと罪悪感さえ感じるような。

でも私は、「なんでもかんでも頑張ればいいってもんじゃない」と思います。

自分が望んでいないこととか、これをすれば人から評価されるとか、**「自分の軸」**がないまま「ＷＨＡＴ（何を）頑張るか」を選んでしまうと悲劇だと思います。


私の場合は、本当は英語なんか嫌いだったのに、ただ就職したくて、つまり他人から評価されるために頑張っちゃったんです。今でも英語は全然好きではありません。

たとえあの時、就職できたとしても、好きでない英語を使う仕事を続けていくのは、長い目で見てどうだったのかなと思います。

東大に受かった人も、本人が本当に東大に行きたいという理由があって頑張るのはいいと思うんですけど、たとえば親の期待に応えるためだけに頑張ったとかであれば、そのあとはつらいと思うんです。

そうやって、「自分の軸」がないものを頑張ったとしても、**目標を手に入れた瞬間は良くても、長い目で見るとその後の人生を微妙に狂わせていく**と思うんですね。

ただ人生は、「やりたくないこともしないと、よけいつらくなる」という面もありますから、「自分はやりたくないけど、頑張らないといけない」という場面も出てくるわけです。でもそんな場面でも、できるだけ「自分の軸」を意識して、「何を」頑張るか選ぶことは大切だと思います。

頑張ることこそ「数量限定」で

そこで私は「なんでもかんでも」ではなく、「何を」頑張れば自分は幸せを感じるか、試してみたんです。

まず最初は、「何も頑張らない」という生活を試してみました。結果、これはどこかもの足りない感じがしました。ストレスは少ないのですが、現状を維持してしまって、新しい世界が広がっていかないんですね。それが結局は不満に感じました。

次に、頑張ることの数を限定してみようと思って、自分で決めた2つの時だけ頑張ってみることにしました。すると、生活のバランスがずいぶんと良くなった気がしたんです。

私が頑張ったのは以下の2つの時でした。

頑張る時その①「新しいことを始める時」

新しいことを始める時って、めんどくさいじゃないですか。でも「最初の1回だけ」はやる気がなくても頑張ってやることにしています。そうしないと新しい世界が開けませんよね。

ここで「最初の1回だけ」はやる、としているのは、たとえばジョギングを始める時であれば、「これから3カ月走る」と考えて始めるよりは、「今日1回だけやってみる。それさえできればOK」って考えたほうが、心の抵抗が少ないからです。その時点の目的は「続ける」ことじゃなくて、「始める」ことですからね。

では1回だけやってみて、イイ感覚がなかったら?
もちろん、やめちゃえばいいんです!

頑張る時その②「何かを続けたい時」

たとえば「英語の勉強を続けよう」と思ったら、「頑張らなくても勉強できる」回数や時間を決めるんです。毎日は無理でも、週3日なら大丈夫とか。

そして、もし忙しかったり、ちょっとやる気がでなかったりして、「頑張らなくても勉強できる」回数や時間がクリアできそうもない時は、ちょっと無理して頑張っちゃいます。

誤解しないでいただきたいのは、**私がやったこの2つを頑張れば、あなたも幸せになれるという話ではない**ということです。

「何を」頑張れば生活のバランスが取れるかは、人それぞれ違うと思います。何も頑張らないほうが幸せになれる人もいるし、5個頑張ることがあったほうが幸せになれる人もいるということです。

どうでしょう、あなたは今、頑張っていないから、悩んでいるのでしょうか？
それとも、「なんでも」頑張ろうとしているから、悩んでいるのでしょうか？

――「なんでもかんでも」は頑張らなくていい。

3章

少しくらい「足りなくていい」

——完璧ではない自分も好きになれる〝自信の持ち方〟

「まわりの人は普通にこなしているのに、
なんで自分だけできないんだろうって……」
「いつも人の顔色ばかりうかがって、
自分が出せないんです」
「どうしたら自信が持てるのか
わからなくて……」
そんな自信のなさと
けなげに戦い続けているあなたへ、
この章を心を込めて贈ります。

「不完全さ」こそ愛したい

上の絵をご覧ください。このリンゴの絵、どこが一番気になりますか？

欠けている部分ですよね。でもこのリンゴ、欠けている部分以外は完璧なのに、なかなかそちらには目を向けられないんですよね。

あなたが一人で考え事をする時なんかも、やっぱり自分のダメな部分が妙に気になったりしませんか？

お金が「ない」、時間が「ない」、カワイく（カッコ良く）「ない」……。

自分が持っていないものや、できないことが次々と浮かんできて、どんどん不安になることとか、ありますよね。特に夜に考え事する時なんか。

人は足りない部分が気になるものなのです。

「ない」がないのも味気ない

そんなふうに、人は足りない部分に目がいきやすいですから、どうも自分の「ない」部分を恐れ、毛嫌いしてしまうんですけど、ある本を読んだ時、「ない」に対する考えが変わったんですよ。
アメリカを代表するジャーナリストであるビル・モイヤーズの質問に対して、世界的な神話学者であるジョーゼフ・キャンベルがこう答えているものです。
モイヤーズ　欠点があるからこそ人間を愛せるとおっしゃるのはなぜでしょう。
キャンベル　子供たちが可愛いのは、しょっちゅう転ぶから、それに小さな体に似合わない大きな頭を持ってるからではありませんか。ウォルト・ディズニーはそういうことをすっかり心得たうえであの七人の小人を描いたんじゃないでしょうか。それに、人々が飼っているおかしな小型犬、あれだって、とても不完全だからこそ可愛いんでしょう。

モイヤーズ　完璧な人間なんて、もしいても、退屈な人間だろうと？

キャンベル　そうなるほかないでしょう。人間らしくありませんから。人間のへそのように中心的な要素、つまり人間性があってこそ、人間は——超自然的ではなく、不死不滅でもない——人間らしい存在になれるのです。そこが愛すべき点です。（後略）

（『神話の力』ジョーゼフ・キャンベル＆ビル・モイヤーズ著、飛田茂雄訳／早川書房刊）

これを読んだ時、ハッとなったんですよ。考えてみれば、**人が「愛おしい」と思うものって、たしかにどこか「不完全」なもの**なんですよね。

日本人に長年愛されている映画の寅さんとか、ミスターこと長嶋茂雄さんなんかもそうですよね。何かが大きく欠けているからこそ、よけいみんなから愛されている。

もっと身近な例で言うと、「赤ちゃん」なんて、まさに「ない」の極みですよね。話せないし、歩けないし、一人で食べられないし、なんにもできないのに、なんとも愛おしい。ある意味、**「完璧な不完全」**とも言える存在かもしれません。

ところが私たちは、ふと人恋しくなると、
「もっと痩せれば、モテるかもしれない」とか、
「もっと明るくなれば、友達が増えるかもしれない」とか、
「もっと仕事ができるようになれば、みんなから好かれるかもしれない」とか、
自分が「もっと何かを手に入れたり、能力を身につけたりすれば」、人から愛されるだろう、なんて考えてしまうんですね。

でも、神話学者のジョーゼフ・キャンベルはそうじゃないと言っているんです。

人は「できる部分」、「持っている部分」があるから愛されるのではなく、むしろ「できない部分」、「持っていない部分」があるからこそ愛されるのだと言っています。

もし、9頭身でスタイル抜群のミッキーマウスがいても、カワイくないですよね。

品行方正な寅さんや、理路整然と話す長嶋茂雄さんがいても、どこか「愛おしい」とは思えない気がしませんか？

——評価されるには「ある」が必要です。
愛されるには「ない」が必要です。

“短所”を“能力”にあっさり変える方法

「企業がメンタルヘルスに取り組んでいる」なんていう話は近年よく耳にします。

テレビでもそんな特集をやっていて、ある番組で、うつになって1年以上休職しているお父さんのいるご家庭のVTRが流れました。

家族が食事をしている場面なのですが、重苦しい雰囲気なんですね。そんな中、こんなナレーションがかぶります。

「お父さんがうつになってから、娘がやたらとはしゃぐようになった」

この映像を観た時、なんだかせつなくなったんです。「ああ、この娘さん、私だな」って。

子供の頃のクセは、せつない「やさしさ」から生まれた

この娘さんは、**無意識に家族のバランスを取っているん**ですね。まだ小さな子供なのに、けなげに家族を明るくしようとしている。

私も子供の頃、家族がうつになったりして気まずい雰囲気だったので、いつも家族を明るくしようと「気をつかって、はしゃいでいた」んです。だからこの娘さんのせつない気持ちがよくわかるんですよ。

でも問題は、このような子供の頃に身につけてしまったクセって、大人になってからもずっと続けてしまうことが多いということなんです。私の場合は、この「まわりの人の意向を敏感に察知してバランスを取る」というクセをずっと引きずって、気がつけばとても生きづらくなっていました。

では、なぜ**子供の頃に身につけたクセを引きずると、生きづらくなってしまう**のでしょうか？　それには、以下の理由があります。

子供の頃に身につけてしまったクセを、「家族の中だけ」で発揮している分には、まだ問題がありません。家族からそれなりに感謝されるので、本人は自分のやったことが報われたような気がします。

ところが、「家族以外の場所」でそのクセを発揮しても、**まわりの人たちは赤の他人ですから、本人が期待するほど感謝や見返りをくれません。**

たとえば会社で、家族の中でやっていたように、気をつかって社内のバランスを取ろうと奮戦しても、上司や同僚はそのことにあまり気づかなかったり、評価をしてくれなかったりします。

そうなると、本人はどんなに頑張っても報われない気がするので、疲れ果ててしまうんですね。

そして、本人はそんな子供の頃に身につけてしまったクセを、「まわりに気をつかいすぎる」とか、「自分がない」など、自分の「短所」として自覚するようになります。

「ある分野の天才」かもしれないあなた

ところが、そんな自分が「短所」だと思っていることも、じつは「状況」さえ変われば、活かせることがあるんです。

私の場合、「気をつかって、はしゃぐ」というのは、人が多く集まって楽しもうとしている状況、たとえば飲み会なんかで発揮すれば役に立ちます。〝おもしろい人〟と思われて、次も人から誘ってもらえます。そんな出会いから、いろいろなつながりをつくることができました。

それに「まわりの人の意向を敏感に察知する」というのも、心理セラピストとして、今まさに役立っています。

そういえば、私が心理セラピストになったキッカケも、「打たれ弱さ」ゆえに、仕事が続かず、就職できない私に対して、友人がこんなことを言ってくれたからなんです。

「どうして杉田さんが就職活動しているんですか？　杉田さんは感度が高いんだから、それを活かす仕事をすればいいじゃないですか？」

友人にしたら何気（なにげ）ない一言だったかもしれません。でも私にとっては、この一言は衝撃でした。

友人は、私がずっと「短所」だと思っていた「打たれ弱さ」を、「感度が高い」と表現してくれたんです。


そうか！　私は「感度が高い」んだ！

だったらその「感度の高さ」が活かせる「状況」で仕事をすればいいんだ！


私はその瞬間、**短所と長所は、結局同じことを言っているんだということ**、そして、自分がずっと苦しんでいた**短所は、「状況」さえ変われば活かせるんだということ**に初めて気づいたんです。

そのことに気づいてから、私の人生は静かに変わっていきました。

子供の頃に身につけてしまったクセというものは、それを「人生全般で」発揮しようとすると苦しくなります。でも**「状況さえ選んで」使えば、それはむしろ「能力」になります。**

あなたは気づいているでしょうか？　あなたが**子供の頃に身につけてしまったクセって、じつは非常にレベルが高い**ということを。

子供の頃からバイオリンや歌舞伎を習っている人は、同じものを大人になってから始めた人がなかなか追いつけないほどレベルが高いですよね。

となると、あなたが子供の頃から否(いや)が応(おう)でも身につけてきたそのクセも、それと同じなんですよ。

たとえば、「人に気をつかいすぎる」といった些細(ささい)なクセでも、子供の頃から気をつかっていた人は、筋金入りですから、誰もが気づかないようなことまでとことん気をつかえるのでしょう。危機回避、たとえば絶対に粗相(そそう)をしてはいけない接客をする時とか、大きなサプライズを仕掛ける時とかに、そういう人の能力は活かせますよね。

そんなふうに子供の頃から気をつかっていた人は、大人になってから「人に気をつかう」ことを学ぼうとする人が、けっして追いつけないくらいのレベルのことができるんです。**これはある意味、あなたは「その分野の天才」と言える**かもしれません。

あなたが短所だと思う、あなたのクセって、なんですか？
そしてそれは、どんな状況でなら活かすことができますか？

――「短所」の数だけ「長所」がある。

「根拠のない自信」にも必ず根拠はある

世の中では、歌でも映画でも本でも「自分を信じろ！」みたいなメッセージをたくさん見かけますよね。そういうメッセージが多い理由は、**それだけ多くの人が「自信」を持ちたくても持てない**、という現状があるからではないでしょうか。

たしかに「自信」とは目には見えないものですが、それが「ある」か「ない」かで、人生が大きく変わってくるような気がします。

あなたのまわりを見渡してみても、自分に自信を持っている人って、同じことをやってもパフォーマンスが高くないですか？

たとえばプレゼンだって、人前で話すことに自信を持っている人と、自信を持っていない人とでは、同じ資料を使って、同じような内容を話したとしても、印象が全然違ってきますよね。自信を持って話している人のほうが、なぜか説得力があるように感じられる。

ということで、ここでは「どうしたら自信を持てるか?」ということについて考えていきたいと思います。

でも、その話の前に、時々こんなことを言う人、いませんか?

「なんか根拠のない自信があって……」

あまり自信がない人から見れば、オメデタイというか、うらやましいですよね。そんなこと言える人。

でも最近、そんなこと言う人に対して、「ちょっと待てよ」って思うようになったんです。その人は「根拠がない」なんて言うけど、それってホントなのかなと。

私は、**どんな自信にも必ず「根拠がある」**んじゃないか、と思っているんです。

これを一つの例でお話ししてみます。

たとえば、今まで一度も「綱渡り」をしたことのない人がいたとします。その人に

「3カ月後に10メートルの綱渡りを成功させる」という課題が与えられて、それについてその人が、「根拠のない自信がある」と言ったとしましょうか。

この話をよくよく考えてみると、この人は、「根拠がない」と言いながらも、じつはしっかり「根拠があって」言っているんじゃないかと思うんです。

この人が「自信がある」と言えるのは、「綱渡り」の経験は一度もないかもしれないけれど、その「綱渡り」に**「必要な要素」に対する自信はある**からじゃないかと。

たとえば、もしこの人が大工さんだったら、足場の上を歩いたりすることもあるから、バランス感覚に自信があるのかもしれないし、もしかしたら単に「自分は運動神経がいい」という自信だけで、「綱渡りもできるだろう」と考えているのかもしれないですよね。

また人によっては、バランス感覚や運動神経に対する自信ではなく、「人の技を盗むのがうまい」とか、「目標を達成するノウハウを持っている」とか、そういった自信があるだけでも、3カ月あれば「綱渡りもできる」と思うかもしれないですよね。

そう考えると、本当の「根拠のない自信」というのは、ちょっと考えられないと思うんですよ。

もし、その「綱渡り」に対して、「根拠のない自信がある」と言った人に、「次のオリンピックに出場して、金メダルを3つ獲ることはできますか?」と聞いてみたら、おそらく、「根拠のない自信がある」とは言えないと思うんです。

このように、**「根拠のない自信」**が、**「あると言える時」**と**「あると言えない時」がある**こと自体、**自信には必ず「根拠がある」**ってことだと思うんですよね。

もし本当に「根拠のない自信」というものが存在するなら、「どんな課題」が出されても、必ず「根拠のない自信がある!」って言えることになりませんか? 根拠がなくていいわけですから。

ということで、結局「根拠のない自信」の正体とは、「今までそのことを一度もやったことはないかもしれないけれど、そのことをするのに〝必要な要素〟に対する自信はある」

そんな状態を本人がうまく言葉にできないから、「根拠のない自信がある」って表現しているんだと思うんです。

ということで「根拠のない自信」にさえも根拠があるようですから、やっぱり自信を持つには、何か「根拠」が欲しいところですよね。

ところが私もそうでしたが、無職の時とか、自分が落ち込んでいる時って、「根拠」になるようなものなんて、なかなか自分では見つけられないんですよ。

でもそんな時、私、いいことを考えついちゃったんです。

「あるもの」を作ったことが、自信を持つキッカケになったんです。

その「あるもの」とは……、

「デヘノート」！

デスノートじゃないですよ。デ「へ」ノートですよ。

この「デヘノート」の作り方ですが、友人から言われた言葉やメールの中から、自分に良いことを言ってもらった部分だけを書き出す。これで完成です。

そして、この「デヘノート」を毎日読みます。

その時、込み上げてくるうれしい感情を一切抑えないことが大切です。たっぷりとその感情を味わってみてください。

勢いあまって、マンガのキャラクターが喜んで「デヘ」となっている時のようなアブナイ目になったり、おたけびを上げたり、ヨダレを垂らしたりするのも可です。
（＊ただしその姿を人に見られないように充分注意しましょう）

良い評価を「受け取る」訓練

この「デヘノート」を作ったキッカケなのですが、「自分で」自信になるような「根拠」を見つけられないのであれば、「他の人に」見つけてもらえばいいと考えたんです。

他人からのポジティブな評価を「根拠」として、自分の自信を引っ張り上げてもらうわけです。

実際、私がこの「デヘノート」を作ってどんなことが起きたかといえば、友人から良いことを言ってもらえる機会が急に増えたんですよ。

そのわけは、自分が「デヘノート」を読んでうれしかったので、いつの間にか自分が友人に話したり、メールしたりする時に、「相手の良いところ」を言うようになっ

自分に自信がつく
「デヘノート」の作り方＆使い方

友人から言われた良い言葉を集める

毎日、デヘデヘと読む

ていたからなんですね。多分、それが自分に返ってきたのでしょう。

悩んでばかりいた頃の私は、友人と会うことなんか月1回あるかないかだったのに、「デヘノート」を作るようになってから、友人と会うこともずいぶんと増えたんですよ。

じつはこの「デヘノート」には、もう一つの役割があります。それは、**良い評価を「受け取る」訓練**です。

私がそうだったからわかるんですけど、自分に自信がない人って、せっかく人から良い評価をいただいても、「そんな、そんな、私なんか」って感じで全然受け取ろうとしないんですね。でも良い評価を「受け取る」ってことも、じつは「能力」なんですよ。ただ待っているだけでは手に入りません。

野球のキャッチャーのスキルと同じで、**球が飛んできた時、しっかりとミットを構えていないと自分のものにならない**んです。

ということで、「デヘノート」は、人の見ていないところで存分に良い評価を「受け取る」訓練もできるわけです。

この「デヘノート」のお話をすると、みなさんから冗談だと思われるんですけど、私は本当にやっていたんですよ。夜中アブナイ目をしながら、デヘデヘして。
やってみると、あなたもバカにできない効果があることを実感すると思いますよ。

――ミットを構えよう、球はすでに飛んできている。

4章

「こうあるべき」を手放した時、そっと解決していく

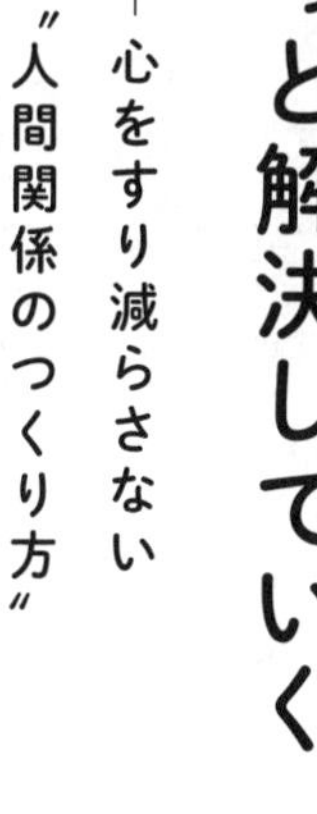

——心をすり減らさない〝人間関係のつくり方〟

「会社に苦手な人がいて、つらいんです」

「なんだか気がつくと嫌われているんです」

「いろいろやっているのに、どうしたら
人とうまくやっていけるのかわからなくて」

そんな人間関係の難しさに
疲れているあなたへ、
この章を心を込めて贈ります。

とっつきにくい人には「クスッとできる」あだ名を

私の友人の話です。人事異動で新しい部署に行ってみたら、とても「困った人」がいたそうです。その困った人、仮にAさんとしましょうか、まったく人の言うことを聞かないんですって。

でもAさんは長年勤務している年配の女性で、誰もうかつなことは言えず、その部署の全員がずっとAさんの扱いに手を焼いていたんだそうです。

そういう困った人って、どこの会社にもいますよね。プライベートであれば、ただ近づかなければいいだけですけど、会社だとうまくやっていかないといけない。

そんな中、私の友人が「ほんの些細なこと」を実行したところ、それまでどうにもならなかったAさんの雰囲気がやわらいで、言うことを聞いてくれるようになったんですって。

その「ほんの些細なこと」とは……、ただAさんを**「あだ名」で呼んだんだそうです。**

普通、会社だと、人を呼ぶ時、「○○さん」とか、「○○部長」とか、敬称や肩書を付けて呼び合いますよね。でもこの友人は、「よし今日からAさんのこと、あだ名で呼ぼう。『△△ちゃん』というのはどうだろう?」なんておどけて言って、わざとその女性だけ下の名前に「ちゃん」付けで呼び始めたんだそうです。

Aさんはふだん、みんなから避けられていて、そんなふうに言われるキャラじゃないから、ビックリしたみたいなんですね。でも、「やめてくださいよ~」なんて言いながらも、まんざらでもない様子だったそうです。

呼び名は「役割」を与える

この話を聞いて、「あだ名」というか、「呼び名」っておもしろいなぁと思ったんです。

私、杉田隆史という名前なので、ふだんは「杉田さん」とか、普通に呼ばれることが多いんですけど、幼なじみは、「杉ちゃん」って呼ぶし、留学で出会った友人たちは「タカシ」って呼ぶし、そういえば一部、「杉さま」とか、私が丸刈りなんで「お坊さま」なんて呼ぶ人もいたりで、気がついてみると、結構いろいろなあだ名で呼ばれているんですね。

おもしろいのは、**あだ名で呼ばれると、一瞬にして「その名前で呼ばれた時の自分」になってしまう**ことなんです。

ほら、たとえばクラス会とかで、昔の仲間に久々にあだ名で呼ばれると、それが引き金になって、急にその頃の自分に戻ってしまうような感覚ってありませんか？　何年も会っていなかったのに、一気に昔に戻ったような気がする。

それから、あだ名とはちょっと違うかもしれませんが、家の外で「○○さん」と名字で呼ばれていた人が、家で子供から「お母さん」って呼ばれると、やっぱり一瞬にして「お母さん」になっちゃいますよね。その呼ばれ方に応じた役割を果たそうとするというか。

そう考えると、私たちは、自分がどう呼ばれるかということに、思っている以上に影響を受けているんでしょうね。

だから、困った人を「あだ名で呼ぶ」というのは、ふざけたやり方のようで、じつは理にかなっていると思うんです。

そりゃその女性も「△△ちゃん」なんて呼ばれたら、力が入らなくなりますよね。

それはアーノルド・シュワルツェネッガーのことを、「シュワちゃん」と呼ぶのと同じです。

あだ名ひとつで、その人に今までと違う一面や役割を与えることができるんです。

ただ、会社であれば、困った人や嫌いな人が上司だったりして、なかなか人前ではあだ名で呼べないことも多いと思います。

そんな時は、仲の良い人との間でだけ、その人をあだ名で呼んでもいいし、誰の前でも呼べないんだったら、自分の心の中でだけあだ名で呼んでもいいんです。

「アッ、ヒロぴょん、また陽気なことしちゃってるよ！」とか。

そうするとなんか気が抜けて、「まぁ、しょうがないな」と、その人に対する印象が微妙に変わってきたりします。

あなたが一番手を焼いている人は誰ですか？

その人に、どんな〝力の抜ける〟あだ名を付けちゃいましょうか？

――パ行のあだ名は力が抜けやすい。
「○○ピョン」、「○○プー」、「○○ポン」。

「正しさ」で人は動かない

昔、私がある会社で一緒に働いた人で、いい意味で正義感が強いというか、悪い意味でガマンできない人がいました。仮にBさんとしましょうか。そのBさん、「あの人は仕事ができないからなんとかしてほしい」とか、「私情をはさんだ人事はおかしい」とか、問題に気がつくと、すぐに直接トップの人に話しに行くんです。

そのBさんの言い分を聞いてみると、たしかに全部正しいことばかりなんです。

ところが、Bさんはそういった正論を言っているにもかかわらず、言い分は通らないばかりか、かえってまわりの状況が悪くなって、トラブルが絶えないんですね。

そしてついにはBさん、会社にいづらくなったのか、辞めてしまいました。

そんなBさんの姿を見て私が思ったのは、こんなことなんです。

「正論は人を動かさない」

おそらくBさんの今までの人生は、「私は正しいことを言っているのに、まわりがいけないいんだ」と憤(いきどお)ることの連続だったのではないだろうかと……。

正論というのは、自分が相手より少しでも正しいと思うと、つい言ってしまいがちだし、それが相手に聞き入れられないと、「私は正しいことを言っているのに、わからない相手がいけないいんだ!」ということになって、そこで「話が終わってしまう」んですよね。あとは、自分の問題ではなく、相手の問題なんだと。

でも、序章でもお話ししましたが、たしかに正論は、まさに正しいんですけど、言えば言うほどよけい「人を動かさない」、ということもあると思います。正しいことばかり言う学級委員はなぜか人望がなかったりするのも、そういうことなんだと。

「共感」されると誰しもうれしい

では何が「人を動かすのか?」ってことですよね。

まず次の2つのパターンの会話例を見てください。
あなたならパターン1と2、どちらの友人のリアクションのほうがうれしいですか?

パターン1

あなた　最近、全然仕事のやる気が出なくて……。
友人　そんなこと言っても仕事なんだから、やるしかないじゃん!

パターン2

あなた　最近、全然仕事のやる気が出なくて……。
友人　そうかぁ、やる気が出ないんだね。

まずパターン1は、「正論」を言っています。
でも「悩みがある人に、ただ正論を言えばいいってもんじゃない」ということは、序章でもお話ししたとおりですよね。

それに対してパターン2は、「共感」しています。

人は共感してもらえると、心が軽くなって、ちょっとだけ前に進めるようになるんですよ。

人を動かすのは、「正論」ではなく「共感」なんです。


「共感が大切だってことはとっくに知ってるよ！」なんて思う方もいるかと思います。

でも私たちって「共感」が大切だとわかっていながら、ついつい**自分本位な前向きメッセージ**とか言っちゃいませんか。


たとえば、キレイな女性がいて、「フラれちゃった……」なんて、ションボリしていたとしましょう。そんな時つい励まそうと思って、

「○○さんなんて若くてキレイなんだから、大丈夫だって。○○さんのこと好きだっていう男なんか、世の中にいっぱいいいるって」

なんて言っちゃいませんか？

これって一見問題がない返答のように見えるんですけど、その女性の立場からすれ

ば、落ち込んでいる気持ちに全然「共感」されていないんですよね。おそらくその女性は、「そうだよね、ありがとう」なんて言いながらも、どこか理解されない淋しさを感じるのではないでしょうか。

むしろ、こんな時はしんみりと、「あぁ、そういう時って、つらいよねぇ」なんて、まずその女性の気持ちを代弁して、「共感」してあげるのがいいかなと思います。

「暑いね」と言った相手がほしいもの

「共感」というのは、なにも悩んでいる時だけでなく、日常のさまざまな場面でもよく使われています。

ほら、「スモール・トーク」ってあるじゃないですか。あまり深くならない話。日常のコミュニケーションにおいて、「スモール・トーク」って必須ですよね。それがうまくできないと、どこかギクシャクする。

たとえば、ある女性の話なんですけど、人から「暑いですねー」とか言われた時、

「エッ？　暑い？　そもそも私、仕事中には暑いとか寒いとか感じないんですよ」

とか質問にマジメに答えちゃうんですよ。

この場合の「暑いですねー」は、**挨拶代わりの言葉で、答えなんかはどうでもいい**んですね。相手の人は、単にその女性との出会いがしら、ちょっと言葉を交わして「共感」したいだけだと思うんです。

それなのに、その女性が妙にマジメに答えてしまったことで、「共感」が成り立たないというか、その答えは軽く相手を拒絶しているような感じにさえなっていますよね。現にその女性、友人がほとんどいないって言っていましたし……。

このように「共感」がうまくできないことで、どこか人との関係がギクシャクしちゃう人もいるんです。

スモール・トークって当たりさわりないようで、じつは当たりさわりあるんですよ。

もちろん人間関係がうまくいっている間柄であれば、正論ばかり言っても、スモール・トークなんかしなくても全然大丈夫なんです。

ただ〝なんか相手との関係がうまくいってないな〟と思ったら、この「共感」ということを思い出してみてくださいね。

どうでしょう、あなたはちゃんと人に「共感」していますか？

ただ正論だけを伝えていませんか？

——正論は人を動かさない。
共感こそが人を動かす。

命令形のない命令文

けっしてあからさまに人から嫌われるようなタイプではない、どちらかといえばおとなしくて、謙虚なタイプに見えるのに、なぜかまわりから人が離れていく。でも具体的に何が悪いのか、誰からも注意してもらえない。そんな人の話をここではご紹介します。

テーマは**「コントロール」**です。

たとえば、もしあなたが会社の同僚から、こんなことを言われたら、どんなふうに答えますか？

同僚　私、ダメだよね。仕事の覚えが悪いし、ミスばっかりしているし、みんなはスゴいよね。あ～私ってダメだなぁ……。

こんなことを言われると、つい「そんなことないよ！」って、言いたくなりませんか？

他にも、「大丈夫だよ！　できているよ」とか、「私だってダメだよ！」とか、相手をなぐさめるというか、励ます言葉、思わず言っちゃいますよね。

このような同僚の言葉を、私は**「命令形のない命令文」**と呼んでいるんです。**相手に命令やお願いをするわけでもないのに、「期待どおりの内容」を相手に言わせる言葉**とでも言うのでしょうか。

これ、聞いているほうが、どうしてこんなふうになぐさめや励ましを「言わされちゃう」のかというと、「人は無意識にバランスを取ろうとするから」なんです。

一躍(いちやく)時の人となってマスコミから持ち上げられたスポーツ選手が、何かをキッカケに一転して激しいバッシングを受けたり、ポジティブすぎる経営者の下に、堅実な側近がいたりするのも、片方に強く振れていると、バランスを取ってグッと押し戻そうとする力が働くからなんですね。自慢する人を軽蔑したり、謙虚な人を持ち上げたくなったりするのもそういうことです。だから「私ってダメだよね」って言われると、「そんなことないよ！」って、グッと押し戻したいような気になるわけです。

そんなふうに考えると、本人に悪気はないんだろうけど、この「命令形のない命令文」を連発している人っていませんか？

たとえば、落ち込むことがあると、そんなに親しくない人にまで、やたらとメールを送ってくる人。

そういうメールって、「グチっちゃってごめんなさい」なんて最後は一応は謝ってくるんですけど、本当は単に「なぐさめて！」という「命令形のない命令文」だと思うんですよ。そんなメールをもらったら、もらったほうは、もうなぐさめるしかないですよね。これって**一見、気の毒そうに見えるメールですけど、しっかり相手をコントロールしている**んですよ。

こういう「命令形のない命令文」は、悪気なく、何気なく言ったりメールに書いたりしてしまいがちですけど、あまり連発していると、やっぱり相手を疲れさせてしまうんですよね。

でも、使った本人があまりそのことに気づいていない、ということが多いんです。

ディフェンスのフリをしたオフェンス

それから、言葉で言わなくても、**「態度」にも同じような「命令形」があるんです。**

たとえば、仕事でミスをした時、そこまで謝らなくてもいいだろうっていうくらいに、「すみません！　すみません！」って何度も過剰に謝ってくる人っていませんか？

こういう人をはたから見れば、「とても反省しているんだな」って思えるかもしれませんが、相手に対して「申しわけない」という気持ちより、「自分が人から怒られたくない」という気持ちのほうが強い場合もあるんです。過剰に謝るのは、「私は反省してるんですよ！」という相手へのアピールと、「私は傷つきやすいから、あまり怒らないでくれ！」というメッセージなのかもしれません。

実際、「すみません！　すみません！」って何度も謝ってくる人に対して、強く怒れないですよね。思わず、「もう大丈夫です」とか、「気にしてないですから」とか言っちゃいますよね。

ということは、過剰に謝ってくる人は、**弱いフリして、じつはしっかり相手をコントロールしていることもある**ということなんです。これはある意味、**「ディフェンスのフリをしたオフェンス」**なんて言うことができるのかもしれません。

こういう「命令形のない命令文」とか、「ディフェンスのフリをしたオフェンス」って、あまり強くない人が、生きていく上でやむをえず身につけたサバイバル・テクニックなんですよね。

ほら、小動物って小さくて弱い分、敵の少ない大きな動物よりも、生き残るための「知恵」がありますよね。巣作りをしたり、集団で行動したり、まわりの色に溶け込んだり、毒を持ったり……。その人間版が、「命令形のない命令文」や「ディフェンスのフリをしたオフェンス」なんでしょう。


でもこれは「コントロールすることは悪い」ということをお伝えしたいわけではないんです。人が2人集まれば、「コントロールする／される」という関係は必ず生まれてきますから。誰でもコントロールし合って生きています。

ただ、コントロールを「自分が気づかないうちに」やりすぎて、それで人が離れていくのは悲しいですよね。

思えば、悩んでばかりいた頃の私は、「命令形のない命令文」も「ディフェンスのフリをしたオフェンス」も、よく使っていたと思います。どおりで人が離れていくわけで……。

でも当時の私は、自分が相手に命令しているとか、コントロールしているなんて意識はまったくありませんでした。そういうことを知らないで連発すると、本人もまわりもやっぱり不幸ですよね。

どうでしょう。あなたも知らない間に「コントロール」を連発していませんでしたか？

――「強さ」は人をコントロールする。
「弱さ」も人をコントロールする。

「忘れよう！」とすることを忘れた時、忘れられる

ちょっと漠然とした小話から入ります。

Cさんは、職場でいつも人間関係の問題を抱えていました。

どうも他のスタッフとのコミュニケーションがうまくいかない。でもCさんは頑張り屋なので、明るく笑顔でスタッフに話しかけたり、できるだけ雑談をするようにしたり、コミュニケーションの本を読んで勉強したり、できる限りの努力を続けてきました。

ところが一向に人間関係は良くなりません。それどころか、かえってスタッフとの関係は気まずくなるばかり。Cさんは悩み続けます。

そんな時、Cさんは生まれて初めてスノーボードを体験しました。そしてその楽し

さにのめり込み、シーズン中は毎週末、スノーボード仲間と滑りに行くようになりました。

そんなある日のこと、Cさんはオフィスでふと気がつきます。

「アレ、会社の人間関係が気にならなくなってきている……」

なんだかワケのわからない小話ですよね。

私がこの小話から何をお伝えしたいかというと、

「問題は、問題と関係のない場所で解決することがある」

ということなんです。

真っ当に考えれば、会社で起きている問題は、会社で解決するものですよね。でもCさんが会社でやっていたような努力をずっと続けても、状況が一向に良くならないことってありませんか?

そんな時は、「問題解決の糸口が、むしろ問題が起きている場所とは別の場所にある」と考えて、**「問題が起きている場所での問題解決をあきらめる」**という選択もあるんです。問題と正面から取り組むだけが解決法ではないんです。

いくつかの「場所」を持つメリット

学生の頃、夏休みとか、長期の休みの間に新しいアルバイトをして、そこで良い仲間ができると、休みが終わって学校に戻ってきた時、学校の仲間との関係がちょっと変わってくることがありませんでしたか？　前よりも学校の仲間との関係にこだわらなくなるというか。ちょっと引いて見られるというか。

人は他に「居場所」を持つと、前よりも余裕が持てます。

仕事ばかりしている人は、会社という「場所」しかないから、会社で問題が起きたら、それがすべてになってしまいます。行き詰まった時、「問題と関係のない場所での解決」ができないから、ただ問題とがっぷり正面から取り組むしかないですよね。

でも、家庭という「場所」がしっかりしていたり、趣味のサークルなどの「場所」を持っている人は、一つの「場所」がダメになっても、他で補(おぎな)っていけますから、なんとか問題をやりすごしていけるんですよ。

ということで、ふだんから自分が出入りできる「場所」を多く持つということは、人間関係の悩みを解決するのになかなか良いことなんですね。

一つの幸せが、いくつもの悩みを消してくれる

ではあらためて、先に述べた小話の中で起こったことをご説明します。

Cさんは、スノーボードという「問題と関係のない場所」を持つことで、心に余裕ができて、結果、仕事場での人間関係も自然とやりすごせるようになったということです。心に余裕ができると、いつの間にか、うまくいっていない相手に対する印象が変わることがあります。

これが、「問題が起きている場所での問題解決をあきらめる」ということの本当の意味です。

このように、人間関係の問題では、**「直接、関係改善をしないほうが、関係が改善される」**ということがあります。

私のクライアントさんの中にも、親だとか、会社の人だとか、どうしても許せない人がいて、いろいろ努力してみたけれど、どうにもならなかった。でも、カウンセリ

ングを受けたあと、だんだん自分が幸せを感じるようになって、気がついてみれば、許せない人に対して直接何かしたわけでもないのに、その人のことを「まぁいいや」と許せるようになった。

そんな話をされる方は多いです。

うまくいかない相手に対して、いろいろなことを試してもダメな時は、**まずは「あなた自身が他の場所で幸せになる」**ようにしてみてはいかがでしょう。

それがめぐりめぐって、うまくいかない相手との関係改善につながったりします。

――「問題解決をあきらめる」と、問題が解決することがある。

相手の良いところを言葉にして全部伝える

「どうしたら人間関係が良くなるか？」なんてことは、偉い先生方がいろいろな本で書かれていますよね。きっとそのどれもが、実践すれば役に立つことばかりなんでしょう。

私もそういった本はたくさん読みましたし、いいなと思うこともたくさんあったんですけど、悩んでいた当時の私が意識して実践していたことは、たった一つだけだったんです。

それはですね……、

「相手の良いところを言葉にして全部伝える」

これだけなんですよ。

自分とかかわった人（直接会った人、メールでやり取りした人）に対して、相手の良いところに気づいたら、それを「全部伝える」ということをしたんです。

すごくわかりやすい例でいえば、カッコよくて優秀な人がいたら、「○○さんてカッコいいですね」だけじゃ足りなくて、「○○さんてカッコいいだけじゃなくて、優秀なんですね。それなのに謙虚だし。なんか完璧すぎて腹立つなぁ（笑）」なんて感じで。

もし本人を目の前にして言うのが恥ずかしかったら、あとで「今日はありがとうございました」のメールとともに伝えてもいいと思うんですよね。これならシャイな人でもやりやすいと思うんです。

私がこの「相手の良いところを言葉にして全部伝える」を実行したのは、3章でご紹介した「デヘノート」がキッカケだったんです。

当時の私は落ち込んでいましたから、人から良いことを言ってもらえると、「こんなにうれしいんだ！」ってことが身にしみてわかったんですね。そして今度は私から伝えていったら、「こんなに喜んでもらえるんだ！」ってことがわかって、こっちがうれしくなってきたんです。

そして気がついてみれば、友人が増えただけでなく、一人ひとりと良い関係を築けるようになっていました。

友人がほとんどゼロに近いところから、これで人間関係を築いたわけですから、「相手の良いところを言葉にして全部伝える」ことの効果って、本当にあなどれないですよ。

「そのままの大きさ」でいい

でも大切なことは、ここからです。

「相手の良いところを言葉にして全部伝える」って、「要は相手をほめりゃいいんでしょ？」って思いますよね。

でも私の中で、**「相手の良いところを言葉にして全部伝える」と「ほめる」は違う**

んです。

ほら、「ほめる」というと、どこかおおげさな、自分の思いをわざと増幅させているような感じがしませんか？

「子供をほめる」なんて言うと、まさにそんな感じがしますよね。もしかしたら、思ってもいないことさえ、さも「スゴいね！」と伝えているような感じがあるというか。

だからあえて、「ほめる」ではなく、「相手の良いところを言葉にして全部伝える」とお伝えしているんです。

あなたが「相手の良いところ」を見つけたら、ただ自分の思いをそのままの大きさで口にしたり、文章にしたりして相手に伝えるだけでいいんです。

ウソをつくこともないし、無理に良いところを探す必要もないし、おおげさに言う必要も、うまく伝える必要もありません。

というのは、本当に思っていることって、あなたがどんなに口下手でも、どんなに文章が下手でも、やっぱり相手に伝わるんですよ。

たとえば、女性が男性に「バカ！」って言ったとしても、それが「も～う、そんなに私のことが好きだなんて～♪」という気持ちを込めて言ったとしたら、「バカ！」と言おうが本当の思いは伝わりますよね。

思いをそのままの大きさで言葉にさえできれば、表現のうまい、下手なんて関係ないんですよ。

それなのに人間関係で悩んでいる人って、無理して「営業マン」のようにふるまうことが人から好かれることだと思っているんですね。おおげさにほめなきゃとか、積極的にアプローチしなきゃとか、愛想良くしなきゃとか、テンション高くしなきゃとか。

良い人間関係が築けてくるとわかるんですけど、自分を偽って、愛想良くしたり、テンションを上げたりすることは、人間関係を良くするのに全然関係ないことがわかります。

自分を偽れば、偽った自分に反応する人がまわりに集まります。ありのままの自分

を出せば、ありのままの自分に反応する人がまわりに集まります。

自由に配れる「言葉」というプレゼント

あなたが、一流シェフのおいしい料理を食べたり、お気に入りのブランドの服を着たりすれば、気分が良くなることはありますよね。

「言葉」には、料理や服のように形はないけれど、同じように人の気分を良くするチカラがあります。いえ、時に「言葉」は、人の気分を良くするだけでなく、人の人生を支えてくれることすらあります。

あなたにも、**誰かが言ってくれた、あなたを支え続ける「言葉」**があるのではないでしょうか？

せっかくあなたの中に、「言葉」という最高のプレゼントを持っているのですから、それを人にあげないなんて、もったいないですよね。

あなたがどんなに相手に対して良い思いを持っていたとしても、「思っているだけ」では伝わりません。だから、「言葉にして」伝えるということは、とても大切なんです。

良いことを言われた人というのは、当然うれしくなりますから、言ってくれた人の期待に応えようとします。つまり、あなたの前で、相手はより良いところを見せようとしてきます。そうすると、それを見たあなたもうれしくなって反応しますから、どんどん良い相互作用が生まれてきますよ。

——思っていないことは伝わらない。
思っているだけでは伝わらない。

5章

「かなえる」だけじゃない幸せのかたち

――余計な悩みをふるいにかける"やりたいこと"の見つけ方

「次にどんな仕事がしたいか
わからないんです」
「やりたいことがあるのですが、
やっていいものか……」
「これが本当に自分のしたいことなのか、
わからないんです」
なんて、いつも「やりたいこと」に
振り回されているあなたへ、
この章を心を込めて贈ります。

「つい、やってしまう」ことが教えてくれるもの

この章では、「何がしたいかわからない」という悩みについてお話をしていこうと思います。

まずは、ある日の、転職しようとしている友人と私の会話からスタートしましょう。

友人　自分が次にどんな仕事がしたいかわからないんですよ。

私　またまたぁ、本当はやりたい仕事なんてないんでしょう？　会社にいる人たちがいい人で、その人たちの中で楽しく働ければ、業界とか、職種だとか、そんなのどうでもいいんでしょう？

友人　アッ！　たしかにそのとおりだ！

この友人、「どんな仕事がしたいかわからない」なんて言っているにもかかわらず、じつは「やりたいこと」がハッキリしているんですよ。

この友人の一番やりたいことは、「人と楽しく働く」ことなんです。

人は「やりたいこと」という話になると、どうしても「業界」、「分野」、「職種」、そういう切り口で考えないといけないと思っているんですけど、それだけじゃないんですよね。**「業界」、「分野」、「職種」と同じように、とにかく「人と楽しく働きたい！」ということも、仕事をしていく上での立派な「やりたいこと」の一つのジャンルだと思うんですよ。**

なので、この友人の場合は「業界」とか「職種」にこだわるというよりも、「職場にいる人、雰囲気、人間関係」を重視して次の仕事を探すほうがいいんでしょうね。

でも、「人と一緒に楽しくすごすなんて、やりたいことのうちに入らない。やりたいこととは、職種や業界で答えないといけない」なんて本人が思い込んでいるから、「何がしたいかわからない」なんて言ってしまうんでしょう。

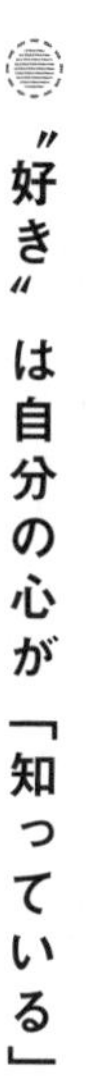

〃好き〃は自分の心が「知っている」

　この話からお伝えしたいことは、**「やりたいこと」って、わざわざ「探す」必要なんかなくて、その人が「それまでの人生で散々やっていること」**だということです。**「探す」というより、「在る」**という感じでしょうか。

　この友人の場合は、私と付き合いが長かったので、ふだんから「人と一緒に楽しくすごす」ことを何より大切にする人だと知っていたんです。それなのに彼自身が自分の一番好きなことに気づかずにいたんですね。

　つまり、この友人の「やりたいこと」も、「探す」必要なんかなくて、「人と一緒に楽しくすごす」という、今までの人生で散々やってきたことなんです。

　というか、そもそも「好きなもの」って意識して探しますか？

「好きな食べ物なんですか？」と聞かれて、「まだ探しています」なんて言う人はいないですよね。「カレー」が好きという人も、「カレー」を探してから好きになったわけではないですよね。

これは「やりたいこと」についても同じことで、**本当に「やりたいこと」って、探したりすることじゃなくて、もっと感覚的なものというか、意識せずともいつの間にかやってしまうこと**だと思うんですね。

探そうとしていたものは「意外とシンプル」

ということで、ここでは「やりたいこと」があるはずなのに、それを言葉にできないあなたのために、「やりたいことをあぶり出す質問」を考えてみました。

〈あなたのやりたいことをあぶり出す質問〉

「あなたがふだん、〝そこまですることないだろう〟と思うのに、ついついやってしまうことってなんですか？」

「そして、そのどんな部分が、ついついあなたにやらせてしまうのですか？」

私は、毎日、結構な数のメールをいただきます。

そんなメールに毎日返信しているんですけど、なぜかヘンなサービス精神が出て、時間がなくても、ついついウケを狙って凝ったメールを書いてしまうんです。普通に考えれば、「そこまですることないだろう」って思うんですけど、なぜかやめられない。

こういう**「誰から評価されるわけでもないのに、ついついやってしまうこと」の中にこそ、自分が本当に好きな、本当にやりたいことのヒントが隠されているんですね。**

私の場合、単に「人にウケたい」んでしょうね。ふだん妻の前でもギャグばかり言っていますし。

ウケると、なんだかわからないんですけど、すごく満たされるんですよ。人から「おもしろいですね！」なんて言われると、うれしくて、マゲを結ってお城の天守閣で「ハッハッハー！」って高笑いしたい気分になるんです。

ふだん難しいことを考えたり、言ったりしていても、じつは**自分の「やりたいこと」、「好きなこと」ってガッカリするくらいシンプル**だったりします。でも、そんな「ありのまま」を見るのが、本当の自分を知ることなのではないでしょうか。

そういえば昔、〈あなたのやりたいことをあぶり出す質問〉をした人の中に、「パソコンが最適化されている時の画面をジッと見ているのがなぜか好き」なんて言っていた人がいました。これって一見ヘンなことを言っているようにも聞こえますけど、ここにもこの人のやりたいことのヒントが隠されていると思うんです。もしかしたらその人は、「ちらかっている『何か』が整理されていくのが好き」なのかもしれないですよね。

だからといって、これを安直に「掃除が好き」とかとらえずに、もっと大きく考えることもできると思うんです。たとえばこの人は、「情報を整理することが好き」なのかもしれないですよね。すると、そんな職業についちゃったら、楽しくなっちゃったりして……。

と、こんなふうに質問の答えをヒントに考えてみると、あなたにも「在る」はずの「やりたいこと」があぶり出されるかもしれないですよ。

――やりたいことは、探さなくてもそこに「在る」。

休日がうれしいのは、平日働いているから

ここでまた、一つ小話から入りましょう。
肉が好きなＤさんと、その友人の会話です。

Ｄさん　肉が大好きなんですよ。週1回は必ず焼肉を食べに行くんです。もっと
　　　　肉が食べたいなぁ。
友人　　そんなに肉が好きなんだぁ。どれくらい食べているの？
Ｄさん　え～と、たぶん、肉は食事全体の3割くらいかな。
友人　　じゃあ残り7割が炭水化物、野菜、果物、魚介類ってことだよね。Ｄさ
　　　　ん、そんなに肉が好きなら、もっと食べる割合増やしたら？

Dさん　そうだね！　じゃあ肉を8割で食べてみるよ！

1週間後……まぁ、Dさんは肉が好きでいられないでしょうね。

それにしても実際あり得ないような、あまりに強引な展開の会話ですけど、このあとの話をわかりやすくするということでお許しください。

この小話からお伝えしたいのは、2つのことです。

まず1つ目。**「大好きなはずの肉も、食事全体に占める割合が増えると好きじゃなくなる」**。

たとえば、文章を書くことが好きな人がいて、懸賞に応募する作品を書くために、「もっと思いっきり時間を取って文章を書きたい」と思って会社を辞めてみたものの、一日中文章を書けるはずなのになぜか楽しくない。

また、仕事でずっと忙しくしていた人が定年後には、「ゆっくり自分の人生をすごしたい」と思っていたのに、いざ定年になってゆっくりしてみると、なんか楽しくない。もの足りない。

そういう話ってありますよね。

「思いっきり文章を書きたい」、「ゆっくり自分の人生をすごしたい」というのは、たしかにその人の「やりたいこと」だと思うんです。

でも肉を食べる割合を3割から8割に増やした時のように、**「やりたいことをする割合を間違えると、やりたいことも楽しくなくなる」**ということなんですね。

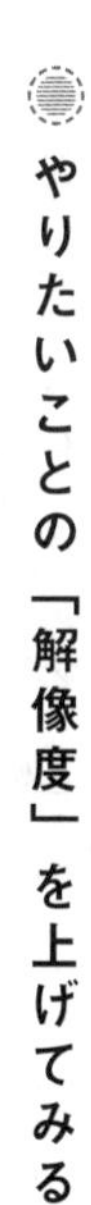

やりたいことの「解像度」を上げてみる

それでは、この小話からお伝えしたいことの2つ目です。

「肉が好きであるためには、炭水化物、野菜、果物、魚介類の存在が必要である」ということです。

「やりたいこと」って、一つに決めたほうがわかりやすいというか、スッキリしますよね。

「会計士になりたい！」

「ミュージシャンになりたい！」

「文章を書きたい！」

「私、コレやっていきます！」みたいに一つに決めたほうが、人にも宣言しやすいじゃないですか。

でも先に述べた小話のように、肉が好きでいられるのは、炭水化物や野菜の存在があるからなんですよ。

つまり、「やりたいこと」、「好きなこと」の周辺には、それを引き立てるための、いくつかの「何か」が必要になってくるということです。でもたいていはそれを本人が気づいていないんです。

たとえば、先ほどの文章を書くことが好きな人を例に取ると、

「懸賞に応募する作品を書くために、『もっと思いっきり時間を取って文章を書きたい』と思って会社を辞めてみたものの、一日中文章を書けるのになぜか楽しくない」

たぶんこのストーリーの続きは、「そうこうしているうちにお金がつきてきて、だんだん不安になってきて、また会社員に戻る」、そんな感じだと思うんです。

ということは、この人は、会社で働いていることによって、文章を書く時間が制限されたり、経済的な安心感があったからこそ、「文章を書く」ことが好きでいられた

わけです。

この〝文章を書く時間が制限される〟や〝経済的な安心感がある〟という条件こそが、小話で言うところの〝炭水化物〟や〝野菜〟なのでしょう。皮肉なことに、**この人が文章を書く上で障害だと思っていた、「会社に勤めていること」が逆に、「文章を書く」ことを支えていた**ことになります。

ということは、この人の場合、現時点では、「会社を辞める」のではなく、「会社に勤めながら」「文章も書く」というのがベストなんでしょう。これが昔から言う、「趣味を仕事にしてはいけない」ということなのかもしれません。


私は、必ずしも「趣味を仕事にしてはいけない」とは思いません。ただ、単純に生活の中で「やりたいこと」をする割合を増やすと、それで幸せかというと、そうとも言えないということです。**「やる時間が少ないから好き」**ってことも結構あるんですよ。

「何か」をやる割合を増やせば、他の「何か」をやる割合は減ってしまう。その減ってしまうものの中に、自分が気づいていない、意外に大切にしているものが含まれていることもあるんです。

あなたは大丈夫ですか？

あなたの「やりたいこと」は、「それをやる時間が少ないから」という理由だけで、「やりたいこと」だと思っていませんか？

――「なかなかできないからやりたい」と思うことは、結構多い。

「決めない」という立派な決定

前項の、今仕事はしているけど、他に「やりたいこと」がある。会社を辞めるべきか、それともガマンして今の仕事を続けるべきか、そんなふうに悩むことについて、もう少し考えてみましょう。

ここでは、無理なく「自分のやりたいこと」へとシフトしていく方法についてお話ししていきたいと思います。

人は、「やりたいこと」という話になると、「会社を辞めるか、辞めないか」とか、「海外へ行くか、行かないか」とか、「学校に入るか、入らないか」とか、すべてを二者択一で考えがちなんですよね。**一つに決めないと「やりたいこと」ができないと思**

ってしまうようです。

でも「一つに決める」ということに対して、ある経営者が私にこんなことを教えてくれました。

「経営がうまくいっていない時って、何か『一つ』方針を決めたくなるんですよ。『強気の営業でいこう』とか、いや『少し引いた営業でいこう』とか。うまくいっていない時って、そんなふうに一つに決めでもしないと、その都度、迷っちゃってツラいんですね。

でもおもしろいことに、そうやって自分が腑に落ちないのに無理に決めた方針は、やっぱりうまくいかないんです。

なので私は**うまくいっていない時ほど、つらくても『一つに決めない』**ってことにしているんです」

人は、「どっちにしようか?」と迷っている時って、ストレスを感じるんですよ。だから無理にでも決めて解放されたい。

そう考えると、自分が腑に落ちるまで「一つに決めない」というのは、優柔不断とかじゃなくて、じつは大変だったり、勇気が必要だったりすることなんですよね。

タイミングは「相手にゆだねて」しまう

それでは、私たちはどんなタイミングで一つに決めればいいのでしょうか?

もちろん、迷っていることがあっても、自分が「これでいける!」という確信が持てれば、いつでも決めていいと思うんです。

でも、たとえそれを自分で決められなくても大丈夫です。

その理由を、ある日の友人と私の会話を参考にどうぞ。

友人　今、自分個人でやっている、やりたい仕事が忙しくなってきたんですよ。それで今勤めている会社を辞めようと思ってまして……。いつ辞めたらいいか迷っているんですよ。

私　今、会社に行きながら、自分個人の仕事をやって、余裕はありますか?

友人　まだ大丈夫です。なんとか余裕ありますね。

私　じゃあ、○○さん自身のやりたい仕事が本当に忙しくなって、「これ以上会社になんか勤めていられない！」という時がきたら辞める、というのはどうですか？

友人　アッ！　そうか！　別に決められないうちから、無理に辞める日を決めなくてもいいのか！

その後、この友人はどうなったか？

彼のやりたい仕事が本当に忙しくなって、会社に勤めているどころじゃなくなり、いざ会社に辞めると伝えたら、「辞めないでくれ！」と言われ、最終的には「週三日でいいから働いてくれ！」と、その会社では異例のオファーを受け、時給に換算すると給料も上がったんだそうです。

「会社に行くことで経済的な安定もあるし、自分のやりたい仕事に使える時間も増えたしで、理想の状態になった」

と友人は言います。

この友人のように、たいていの「やりたいこと」って、自分がそれを提供する「相手からのオファー」があって、初めて成立すると思うんです。

たとえば、今やりたいこととは全然関係のない会社に勤めている。でも本当は「文章を書く仕事がしたい」というなら、まずは「あなたの文章を必要としてくれる人からのオファー」がないと、どうしようもないですよね。

だから**自分で無理に「今辞める！」とか決めなくても、「相手からのオファー」がタイミングを教えてくれる**と思うんです。「文章を書いてくれ！」というオファーがたくさんきて、それに専念しないとどうにもならなくなった時が、あなたが「決める」タイミングなのかもしれません。

そんなふうに考えると、無理なく自然に「やりたいこと」へシフトしていけると思うんです。

さぁ、あなたはどうでしょう？

あなたのやりたいことに対して、「相手からのオファー」はきていますか？
それとも、「相手からのオファー」もないのに、「会社を辞める！」なんて言っていませんか？

――決められない時は、無理に決めなくていい。

悩みが「なくなっても」不安

私の知人に、飲食店に勤務している人がいます。

彼は私に会うたび、いつも「独立して自分の店を持ちたい」と夢を語ります。ところが、10年以上も前からそんな話を聞かされているのに、彼の独立の計画は一向に進んでいる気配がないんです。

こんなふうに、「〜さえできれば、人生が大きく変わるのに」と自分でわかっていながら、それに対して、何年も行動を起こしていないことってありますよね。

こういうのって不思議ですよね。**自分が「やりたいこと」のはずなのに、しかも「人生が大きく変わる」とわかっているはずなのに、やろうとしない**なんて。

でもそういう行動の奥には、意外な心理が隠れています。

じつはこういうケースでは、**「悩みが希望になっている」**んですね。

たとえば私の知人の例であれば、彼が独立に実際にチャレンジして、結果「独立できない」ということがハッキリわかってしまったら、もう「希望」が持てなくなってしまうわけです。でもやらないでいれば、ずっと「希望」を持っていられます。告白しなければフラれないみたいな感じと言えばいいのでしょうか。

ということは、彼は「独立さえできれば」と悩んでいながら、じつは**「やってしまって」その「悩み」が奪われることを、心の奥では恐れていたりする**んです。それは同時に「希望」を奪われることにもつながるわけですから。もし、「独立さえできれば」という「悩み」がなかったら、不満だらけの毎日をやりすごせなかったんだと思います。おかしな話ですが、「悩み」が心の安定に役立っていたんですね。

「やりたいと思いたいだけ」のことに振り回されない

こんな話を聞くと、「私のやりたいことも、もしかしたら本当にやりたいことじゃないのかもしれない」なんて、ちょっと不安になってくるかもしれません。

そんな時に、その答えがわかる質問を用意してみました。次の質問に、「はい」か「いいえ」でお答えください。

質問「〜さえできれば」なんて言いつつも、一向に動いていない状態が2年以上続いている。

この質問の答えが「はい」なら、あなたの「やりたいこと」は、「ただの希望になっている」可能性があります。

前述しましたが、「本当にやりたいこと」って、意識せずともいつの間にかやってしまうことで、追い込んだり、頑張ったり、気合を入れないとできないものではないですよね。

だとすると、「会社で働いているからできない」、「時間がないからできない」、「お金がないからできない」、「家族がいるからできない」のではなくて、**どんな状況でもなんとか時間を作って、思わずやっちゃうことが「本当にやりたいこと」**ではないでしょうか。だって、「好きなんだもん」。

ということは、もしあなたが「状況が整えばやる」なんて言って、いつまでもやっていないのだとしたら、それは**あなたの「本当にやりたいこと」ではなく、「やりたいと思いたいだけのこと」なのかもしれません。**


実際のカウンセリングの現場でも、自分の「やりたいこと」を勘違いしている人って多いんです。

たとえば、私の知人と似たようなケースですが、「会社を辞めて独立したいのに、全然準備が進んでいない」と悩んでいる人に、私が、「もし今の会社の人間関係が良かったらどうしますか?」なんて聞いてみると、本人は、「独立しないです」なんて答えることがあります。

ということは、この人の「本当にやりたいこと」は、「独立すること」ではなくて、「良い人間関係の中で働きたい」ってことなんですよ。それなのに、**本人が「やりたいこと」を「独立すること」だと勘違いしている**んです。

本人は、「独立したい」と本当に思っているわけではないですから、当然独立の準備も進みません。おそらく「独立する」というのは、会社の人間関係の気まずさから逃れるために、無理やり作り出した目標なのでしょう。

でも、そんなふうに「やりたいこと」を勘違いすると、本来その人は、人間関係を良くすることだけを悩んでいればいいのに、**「(本当はやりたくもない)独立の準備が進んでいない」という、よけいな悩みまで抱えてしまう**ことになります。

思えば私も、「やりたいと思いたいだけ」のことを「これがやりたいことだ！」と勘違いすることで、ずいぶん遠回りしてしまったような気がするんです。

あなたの「やりたい」ことは、「本当にやりたいこと」ですか？

「何か」から逃れるために、無理やり前向きな目標を作っていませんか？

——「悩み」は「希望」にもなりうる。

「続ける」以外の尊い選択肢

この章ではここまで、「何がしたいかわからない」という悩みについてお話ししてきました。

私がそういう悩みを持つ人たちとお話しして思うのは、

・自分の足元にある「やりたいこと」を無視して、他の「やりたいこと」を見つけようとしている。

・自分がそれほどやりたくないものを、無理に一番「やりたいこと」だと思おうとしている。

・自分では才能が足りないと感じながらも、「やりたいことを目指すのが人生だか

ら」と、振り上げた手が下ろせなくなっている。

そんな人が多いということです。

本来「やりたいこと」というのは、自分の内側から湧き上がってくるような、感覚的なものなのに、それを無理やり頭で考え出したり、無理に好きになろうとすれば、当然苦しくなりますよね。では、なぜ今そういう人が多くなっているのでしょうか？

それは今という時代が、**「やりたいこと」に振り回されている時代**だからではないでしょうか。「好きを仕事にしよう！」とか、「あきらめなければ夢はかなう！」とか大きく叫ばれる時代ですから、みんなが否が応でも「やりたいこと」を意識させられ、「やりたいことは、あって当然、やって当然」と考えるようになっているのではないかと思います。

あきらめられないから、つらくなる

昔の日本であれば、「やりたいこと」よりも、「どうしたら食べていけるか」が優先でしたから、いい歳（とし）して「やりたいことがある」なんて言うと、まわりの大人たちから、「それで食べていけるのか！」とか、「もっと地に足のついた生活をしろ！」とか、うるさく言われたので、「やりたいこと」を断念させられる環境が今よりもっとあったと思うんです。

ところが、「あきらめなければ夢はかなう！」と叫ばれる今では、そんな大人の声は時代遅れのウザい声とされ、かき消されているのでしょう。

ということは、今の時代は、自分の「やりたいこと」を、社会からもまわりの人からも大切にしてもらえる反面、誰からも「あきらめろ！」と言ってもらえない時代になったともいえます。昔よりもずっと、**自分自身で「やりたいこと」に決着をつけないといけなくなっている**んです。

つまり、今多くの人が「何がしたいかわからない」と悩んでいるのは、極端な言い方をすれば、**みんなが「やりたいこと」に対して「希望」を持ちすぎて、なかなか「あきらめる」ことができなくなっているから**ではないかとも思うんです。

自分だけではなかなか「やりたいこと」に決着がつけられないから、みんなが「やりたいこと」の扱いに困って、振り回されているのではないでしょうか。

でも、ここで誤解しないでいただきたいのは、私は、「やりたいことをあきらめよう！」と勧めているわけではありません。もちろん「やりたいこと」は、やるにこしたことはありませんし、「やりたいこと」に対して、「私もできる！」という「希望」を持つことは大切です。

ただ「やりたいこと」というものを目の前にした時、**「やる」、「目指す」、「続ける」以外の選択肢もある**ということをお伝えしたいのです。

そこで「やりたいこと」に決着をつけるのに参考になるエピソードを一つご紹介します。

年末恒例の『M－1グランプリ』を企画した島田紳助さんは、

「才能がないのに、いつまでも漫才を続けようとする人を辞めさせようと思って」『M－1グランプリ』を始めたんだそうです。

その理由を、紳助さんはこんなふうに言っています。

漫才師になる人間には、3つの人間がいる。

まず、才能のある人間で、この人は幸せになれる。

次が、漫才師になったものの才能がないことに気づいて辞めていく人間で、この人も次の人生で幸せになれる。

一番不幸なのが、才能がないことに気づかないで、いつまでもやっている人たち。こういう人たちが結構多いが、この人たちをなんとか辞めさせてあげないと次の人生が不幸になってしまう。


『M-1グランプリ』の出場資格を結成から10年（現在は15年）と決めたのもそのためで「10年やって準決勝に残らなかったら辞めなさい」というのが紳助さんの本当のメッセージなんだそうです。

この紳助さんの発言は、

「自分がやりたいことをあきらめると、それで人生は不幸になるのか？」

「もしかしたら、時にあきらめることが幸せにつながることもあるんじゃないか？」

そんなことを問いかけていると思うんです。

世間では「夢をかなえる話」をする人は山ほどいますが、紳助さんのように、「夢をあきらめる話」をする人はあまりいません。

ですから、「やりたいことをあきらめる」なんてとんでもない、そんな人生終わったも同然だ、くらいに思っている人もいるかもしれませんが、実際は「やりたいこと」をあきらめたところで、人生は終わりじゃないし、次の人生にはいろいろな「あり方」や「やり方」があることを知ることも大切だと思うんです。

現実の人生には「あきらめる」という選択をしないといけない場面も多々あるわけですから、この紳助さんの発言のような「夢をあきらめる話」は、もっと世間に出てきていい話ではないでしょうか。

幸せに「絶対ルール」はない

ただ「あきらめる」という言葉自体は、イメージが悪いですよね。負け犬のような感じがして。でも私が言う、「あきらめる」というのは、そういう意味ではありません。それをイラストを使ってお話しします。

「あきらめることができない」とは、上のイラストのように、自分が上がれもしない階段の前でずっとたたずんでいる状態です。

私の言う「あきらめる」とは、自分の「限界を受け入れる」という意味です。もしこのイラストの人が、「この階段はのぼれない」と、「自分の限界を受け入れる」ことができたなら、下のイラストのように、もっと小さな階段を上がっていくこともできますし、他の階段を選んで上を目指すこともできます。


「限界を受け入れる」ことができないと、小さな階段をのぼろうと思えません。

この「限界を受け入れることができる」というのが、私の言う「あきらめる」ということです。「健全なあきらめ」とでも言えばいいのでしょうか。

今世の中には、自分が階段をのぼれないことが認められず、ただ落ち込んで、階段の前で身動きがとれなくなっている人が多いと思います。

「自分」を高く見積もって、高すぎる階段をのぼることをあきらめられないから、他の道を選べないんです。

「あきらめる」ことの本当の意味

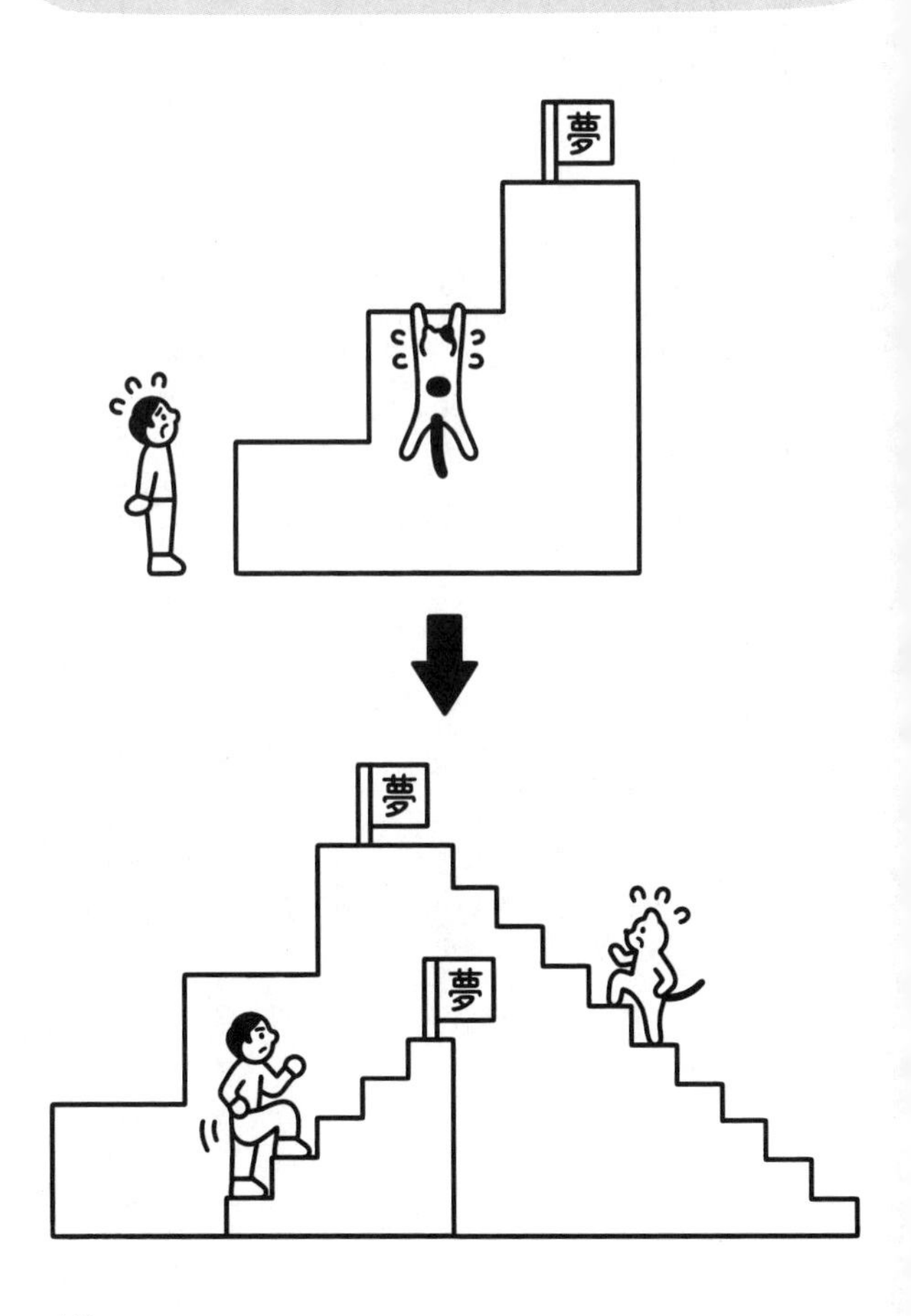

人は、「好きな食べ物は？」と聞かれれば、素直に答えられるのですが、「やりたいことは？」と聞かれると、素直に答えられません。

それは自分の「やりたいこと」は、「人からスゴいと思われるようなこと」であってほしい、「他の人がやっていないようなこと」であってほしい、「専門性が高いもの」であってほしい、なんて願っている人が多いからです。本当は「家族とすごすのが何よりも好き」な人が、「そんな平凡なことが『やりたいこと』のはずがない。他に何かあるはず……」なんて考えてしまうのは、そういうことです。

でもそのように、「そんなはずはない」とばかり思っている人の人生は、自分の本質から離れて、どこか苦しくなってしまうのではないでしょうか。

人は自分の限界を受け入れないと、見えないものがあります。

先の島田紳助さんの言葉は、そんな「自分の限界を受け入れた人の可能性」の話をしていると思います。

おかしな言い方ですが、**「やりたいことをあきらめる」という幸せになる方法もあ**

るんじゃないかと教えてくれているのではないでしょうか。

人は「希望」がないと、階段をのぼろうと思えません。

でも「あきらめ」がないと、階段の前でたたずんだままになってしまいます。

人生には、「希望」も「あきらめ」も両方必要です。

要は、そのバランスの問題です。そのどちらが欠けても苦しくなります。

今あなたが悩んでいるのは、「やりたいこと」に対して、「希望」が足りないのでしょうか？

それとも、「やりたいこと」に対して、「あきらめ」が足りないのでしょうか？

――「やりたいことをあきらめる」という幸せになる方法もある。

最終章

小さな「生きづらさ」ほど長引くから

――ちゃんと助けを求め、心の栄養補給をする

「悩みはあるけど、
そんなこと人には言えないし」
「みんなつらいことあるし、
自分だけ落ち込んでいたらダメだと思う」
「ダメな自分をずっと許せない」
そんな生きづらさと
向き合い続けているあなたへ、
この章を心を込めて贈ります。

「生きづらい」を生きてきた者として

私は、今でこそ本書でエラそうなことを言っていますけど、昔はいつも悩んでばかりで、**「生きづらい人生」**をすごしていました。

私の一番の問題は、仕事をすぐ辞めてしまうこと。やたら敏感というか、打たれ弱かったので、耐えきれなくなって、すぐ逃げ出していたんです。

でもある時、2章でお話ししたように、「英語ができれば、ちゃんと就職できるかもしれない」と思って、一念発起して英語の勉強を始めました。

その後、留学もして、TOEICでも良いスコアも取れたので、「これで私もなんとか就職できるかな」と思って、いざ就職活動を始めたんですけど、これが全然受からない。

英語力うんぬんより、社会人としてマズいというか、それまでにもたくさんの転職を繰り返していましたから、ほとんど書類審査で落ちていましたし、たまに運よく面接に行けたとしても、あまりの転職回数の多さや、一貫性のないキャリアを突っ込まれると、私がオドオドしてしまい、面接担当者に、怒られたり、呆れられたり……。

そんな失敗を何カ月も繰り返す中で、どんどん卑屈になって、私からアブナイ雰囲気が出まくっていたんでしょうね。ついには簡単なアルバイトの面接すら、受からなくなっていました。


そしてそんなことを繰り返すうちに、「自分なんか何もできないんだ……」と思えてきて、働くのが本当に怖くなってしまったんです。

就職活動しなきゃいけないのに、求人広告を見るのさえツラくて、ちょっと転職サイトを見ただけで、体がこわばったり、胃が痛くなったりしていました。

なんとか求人広告を見ることができたとしても、

「自分のキャリアでは応募できるところがない」

「自分にこんな仕事できるわけない」

「どうせ人を採るだけ採って、辞めたいやつは辞めろのブラックな会社だろう」

「応募してもどうせ受からないよな……」


なんて言いわけして、全然応募もせずに、逃げまくっていたんです。

そして、ついには昼間からお酒をガブガブ飲んで、寝て、とにかく正気になるのが怖くて、ただ絶望して一日をすごしていました。

そんな毎日を1年4カ月間、繰り返してしまったんです。


この頃の私は、「もう自分なんか就職できるわけがない。このまま社会に出るキッカケを失って、自殺してしまうのかもしれない」なんて思って、自分の存在が世の中から消えていくような恐怖におびえていました。この頃は、よく夜はうなされていましたっけ。

36歳になった頃でも、印刷工場でアルバイトをしていました。

ドンくさい私は、そこでも役に立てず、他の20代前半のアルバイトの人たちから「バカ！」とか、「帰れ！」とか言われていましたが、何か言い返すこともできず、シヨンボリと働いていました。

その頃の私を知る友人からは、「今元気になったから言えますけど、あの頃の杉田さん、あのまま死んじゃうのかと思いました」なんて言われましたから、私自身もつらかったですが、まわりの人も私をどう扱っていいかわからず困っていたと思います。

と、そんなこんなで、私はかれこれ生きづらい期間を20年くらいすごしていました。

悩みの「程度」はあてにならない

そんな生きづらい期間をすごす中でも、私は心の病と診断されたわけではありません。その間、友人に不安な気持ちを話したことはありましたが、カウンセリングを受けるという発想はまったくありませんでした。

日本では心の問題は、「もう生きられません！」というくらい、よほど切羽（せっぱ）詰まった状況にならないと、精神科に行ったり、カウンセリングを受けたりしてはいけないような雰囲気がありますよね。

私自身、つらくても、**「まだこの程度の悩みでは、相談するほどでもないだろう」**とか、**「カウンセリングを受けるなんて、自分が病気になったような気がしてイヤだ」**とか思っていました。

しかし、その結果がどうだったかといえば、ただ自分一人あがくだけで、何も突破口が見出せぬまま、20年間も生きづらい時間をすごしてしまったんです。

私は、うつであるとか、**「心の病として病名の付く人たち」には、世間の関心が集まるけど、その手前で踏ん張ってしまっている人たちには、あまり目が向けられていない**ような気がします。だから悩んでいる本人までもが、「自分自身の大変さに目を向けていない」ような気がするんです。

そして、そんなふうに、私と同じような経験をする人が出てくるのは、問題だなと思ったんです。

「まだ大丈夫」の落とし穴

私のように、心の病ではないけど、ギリギリで踏ん張っている人たちって、結構いると思います（以下、そんな人のことを、〝悩んでいない人〟と呼ぶことにします）。

もちろん、この〝悩んでいない人〟とは、本当に「悩んでいない人」という意味ではありません。**本人はつらいのをガマンして生きているのに、世間からは、「それほど悩んでいない」と思われてしまう人**のことです。

では、そんな〝悩んでいない人〟が、いったいどんな問題を抱えてしまうのでしょうか。

〝悩んでいない人〟は、**長い間、低空飛行を続けてしまうんです。**

たとえば、悩んで会社に行けなくなったり、長い間引きこもったりすれば、まわりの人が異変に気づいて、専門機関に相談に行くように勧めますし、さすがに本人も、「ここまでくれば相談しないとマズいだろう」と思いますから、専門家のところに行くと思うんですね。

つまり、「人の助けをかりる」チャンスがあるわけです。

ところが、〝悩んでいない人〟は、生活がなんとか成り立っていますから、まわりの人も、当人のつらさに気づきませんし、本人も相談に行こうという発想がありませんから、**「人の助けをかりる」というキッカケを失って孤立してしまう**んですね。

そうなると〝悩んでいない人〟は、自分一人で悩みを抱え込むことになって、「生活ができなくなるほどでもないけれど、調子の悪い状態が長い間続く」というようなことが起こります。

つまり、**「悩みが軽いがゆえに、かえって悩みが長引く」**という、なんとも皮肉なことが起こっているんですね。

私はこのように、つらいのをガマンして相談に行かない人の中にこそ、本当にサポートが必要な人がいると思っています。

〝悩んでいない人〟の悩みに耳をかたむけて

渡り鳥は、次の陸地を目指す時、最初に一気に空高く上昇すれば、あとは羽を広げるだけで、風の流れに乗って移動できるそうです。もし低空飛行してしまうと、海面近くは風の抵抗が強くて、次の陸地に着く前に力つきてしまうんだそうです。

私は、〝悩んでいない人〟とは、まさにこの渡り鳥と同じだと思います。

〝悩んでいない人〟は、高度が低いから、いつも強い風の抵抗を受け続けているんです。本来なら力つきる前に、今すぐにでも高度を上げなくちゃいけないんです。

でも〝悩んでいない人〟自身がその深刻さに気づいていません。「私くらいの悩みじゃ相談なんて……」なんて思っているわけです。

だから私が、あえて「悩んでいない人の悩み相談」という看板を掲げて仕事をしているのは、〝悩んでいない人〟自身に気づいていただきたいからです。

「小さな悩みと思っても、あなたがつらいと思うなら相談しに行ってもいいんですよ」って。

〝悩んでいない人〟が、もっと気軽に人に助けを求めることができれば、もっと早い段階で、楽に楽しく生きられるかもしれない。

生活に支障をきたす前に、なんとかなるかもしれない。

人生何年も遠回りすることも、ないかもしれない。

そんな思いがあるんです。

正しいネガティブのススメ

本書は、「悩みがある時、あなたはどうしますか?」という質問から始まっています。


ここまでお読みいただいて、何かヒントは得られましたか?

あなたの頭にはどんなことが浮かんだでしょうか?

そして、あなたの体は何を感じたでしょうか?


悩んでいる時、多くの人は、「自分のダメな部分」を許しません。

「自分のダメな部分」を見つけると、

「何やっているんだ!」、「こんなはずはない!」、「これさえなければ!」

そんなふうに「自分のダメな部分」を非難したり、無視したり、排除したりしようとします。

そうやって**「自分のダメな部分を許さない」ことが、自分を成長させることだと信じています。**「悩み」とは敵であり、戦って勝つものだという考えです。

たしかにそのようなやり方で、うまくいくこともあります。

では、そのやり方でうまくいかない時は、どうするのでしょうか？

じつは、もう一つの「悩みとの付き合い方」があります。

「自分のダメな部分を認める」という、まったく逆のやり方です。

〝悩み〟を敵にまわさない

では、どうして「自分のダメな部分を認める」ことが、自分を成長させることにつながるかということについてお話しします。

まずは、「悩みはどうして起こるのか?」ということについて、悩みを抱えやすい立場である、経営者を例に説明していきましょう。

経営者というのは、人の上に立つ分、悩みが多くなります。経営者の悩みはさまざまですが、元をたどってみると、同じような原因から起きていることが多いのです。

それは、**「自分の弱さを認められない」**ということです。

そして経営者というのは、リーダーシップを発揮しないといけない立場にあります。ふだんから「強い自分」を出すことが、当たり前のようになってきます。

ところが、そんな経営者でも、人間である以上、やっぱり弱い部分もあるわけです。ですが、いざ自分の弱い部分が出てきても、経営者はふだん強さを出すことに慣れている分、なかなか自分の「弱さ」を認めようとしません。「オレはそんなはずない」と、自分の「弱さ」を嫌ったり、無視したりしようとします。

すると心の中では、そうやって排除されそうになった、「弱さ」が、本人に気づいてほしくて暴れるわけです。

悩みが起こるプロセス

「自分が認めたくない部分」の存在を認めず、意識で排除しようとする
→ 無意識はそれに対抗して排除させないようにする
→ 意識VS無意識では、無意識のほうが強い
→ 「自分が認めたくない部分」が自分に跳ね返ってきて、その存在を気づかせようとする
→ **悩みが大きくなって現われる**

このようなプロセスで、さまざまな心の「悩み」が起こります。

そしてこれは、経営者だけでなく、私たちも同じように当てはまります。

前ページに図で示したものがわかりやすい「悩みが起こるプロセス」です。

つまり、**「悩み」とは、本来自分の中に「在る」ものを、無視したり、嫌ったりすることから始まります。**

「お付き合い」すべき隣人として

ではどうすれば、「悩み」とうまく付き合っていけるのでしょうか?

それは、**「本来自分の中に在るものの『存在』を認めること」**です。

悩みが大きくなって現われるとは、あなたに「存在」を気づいてもらいたいものがあるということです。たとえそれが、自分が認めたくないような「ダメな自分」であっても、その「存在」を認めてあげることが、暴れている「ダメな自分」を静め、自分を成長させることにつながります。

たとえば、あなたが、「もっと自信を持ちたいのに、持てない」という悩みを持っていたとします。

普通であれば、そんな自分の〈自信のなさ〉に対して、「私、何やってるんだろう」、「こんなはずじゃないのに」なんて、批判したり、無視したり、排除したりしようとしますよね。でもそうではなく、逆に、自分の中にある〈自信のなさ〉の「存在」を認めてあげるんです。

別に、〈自信のなさ〉を好きになる必要はありません。ただ、「あ～、自分の中に、〈自信のなさ〉というのがいるんだなぁ」と、ただ「存在」を認めてあげる、それだけでいいんです。

そうすると、〈自信のなさ〉が、「やっと存在に気づいてくれたか！」と暴れるのをやめ、おさまっていきます。

これが、**「悩み」とは隣人であり、互いが協調していくもの**という考えです。多くの人が考える、「悩み」とは敵であり、戦って勝つものだという考えとは逆ですよね。

私が心理セラピーを学んでいる時、一番ビックリしたのがココです。

私が良かれと思ってやってきた、「自分のダメな部分を許さない」ことが、心理セラピーのアプローチとはまったく逆だったということです。

私が悩んでいた頃は、「自分のダメな部分を認める」なんてことをしたら、自分が堕落してしまうのではないかと思っていました。

誤解しないでいただきたいのは、「自分のダメな部分を許さない」ことが、必ずしも悪いわけではありません。そのやり方で悩みを克服して、自分が成長していけるということであればまったく問題ありません。

でも、そのやり方でうまくいかないのに、それでも「自分のダメな部分を許さない」ということを続けている人たちがいます。これが多くの「悩みとうまく付き合えない人」がやってしまう間違いなんです。

「押してダメなら、引いてみろ」なのに、押してもダメなのに、まだ押し続けているようなものです。

一つのやり方でダメなら、違うやり方をすればいいんです。

ポジティブな結果には、ネガティブなプロセスが必要

ではここで「自分のダメな部分」を認めることで楽になった、あるクライアントさんのお話をご紹介します。その方は、30代の女性で、結婚もされ、仕事もされている方でした（仮にEさんと呼びます）。

ところがEさんは、「いつも自分の気持ちがわからず、苦しい」という悩みを抱えていました。Eさん自身が、自分が何が好きなのか、何がしたいかわからない、たとえ好きなこと、やりたいことがわかっても、急に興味がなくなったり、はたしてそれが本当に好きなことでいいのかと悩む、ということでした。

その原因として考えられるのは、Eさんと母親との関係です。

Eさんは小さい頃から、母親から、姑（しゅうとめ）、小姑（こじゅうと）の悪口を毎日聞かされていたそうです。このように、嫁姑間や夫婦間などの家族の人間関係がうまくいっていない母親は、子供を自分の世界に取り込み、支配しようとすることがあります。

Eさんも、学校の成績が悪いと、「恥ずかしい子」と言われ、帰宅後、毎日母親お手製の問題を解かされたり、ティーン向けの小説を読んでいた時には、「そんなものを読むんじゃない、夏目漱石(なつめそうせき)とかを読むべきだ」と言われて、ベルトでたたかれたりして、自分のやりたいことというより、母親がやらせたいことをいつもやっていたそうです。

ところが一方で、母親の好きなことをEさんも好きだと言うと、「人の好きなことを取らないで」と言われます。

その頃のEさんは毎晩のように、崖の上から落ちる夢を見ていたそうです。

中学生の頃から、Eさんは本格的に苦しくなります。学校の友人との間にも距離を感じ、みんなが楽しそうにしていればいるほど、輪の中に入りたくないと思うようになります。

高校生の頃からは、母親の言動はさらにエスカレートします。毎日マイナス発言と自慢話ばかりを繰り返して、いろいろなことが、すべて母親の気分一つで動いていたそうです。

大学生になってからは、Eさんはサークルにも入り、友人もできるのですが、一年経過するごとに息苦しくなり、胸に漬物石が何個も乗っかっているような感じがしたそうです。そして、帰宅途中に、突然涙が出るようになったり、食べた物をわざと吐いたりするようになります。

就職活動を始めると、自分の長所短所すら言えず、自分が生きていることすら間違っていると思うようになり、苦しくて手首を傷つけたそうです

そしてEさんはお母さんのことをガマンしきれなくなって、逃げるように家を飛び出します。

Eさんは身なりも整っていて、パッと見た感じでは、すごく悩んでいる方には見えません。履歴書で見る限りでは、大学を卒業し、就職し、結婚され、仕事も続けていて、なんの問題もないような人生をおくっているように見えます。今までカウンセリングに行くこともなく、友人にさえ自分のつらい状況を話さずに、頑張って生きてきました。

Eさんのつらさは、他人から見れば、まったくわからないかもしれません。

ところが、Eさん自身は、とてもつらいのです。

小さい頃から「ありのままの気持ち」を否定され続け、Eさん自身が何が好きか、何が嫌いかがわからなくなっていました。そして、それが元で日常生活のさまざまな場面で苦しい思いをしていました。

私は、そんなEさんのカウンセリングをしたのですが、終わったあと、Eさんが気づいたことは、

「自分の気持ちというものは、いつも間違っていない」ということ、

「どんな気持ちも、自分の一部にしかすぎない」ということ、

そして、**「自分のダメな部分を認める」**ということだと教えてくれました。

その後、Eさんに起こったことは、まずカウンセリングを受けた翌日に会社に行ったら、「景色が違っていた」そうです。

今までストレスを感じていた同僚とも、素直に話せるようになっていました。それ

は、Eさんのその同僚に対する気持ちが、「彼女のことは、好きではないけれど、雑談くらいはしたい自分もいる」と素直に認められるようになったからです。

カウンセリング前は、その同僚を「あまり好きではない」と思う自分を許せなかったし、でも、「雑談くらいはしたい」という気持ちがあることも認められませんでした。でも、自分の中にある、ありのままの気持ちを認めると、急に楽になれたそうです。

それから、義理のお母さんとの関係もギクシャクしていたのですが、義理のお母さんの誕生日に、初めて、「二人で一緒にクラシックのコンサートに行きませんか?」と誘うことができました。

Eさんが今まで人にプレゼントをあげる時は、ゴルフが好きな人にはゴルフ用品とか、「相手が好きなもの」をあげていたのですが、生まれて初めて、「自分が好きなもの(クラシックのコンサート)」をプレゼントしたそうです。

「自分が好きなものをプレゼントして、それが相手にも喜んでもらえる」という体験をして、とてもうれしかったそうです。

さらにEさんは、将来の仕事についても、自分の母親がやっていたような仕事は、どこかバカにしていたところがあったそうですが、素直に「自分もその仕事が好きだ」ということに気づいて、これから勉強していきたいと言いました。

もともと自分の気持ちが当たり前のようにわかる方には、どれも些細な変化のように感じるかもしれません。

でもEさんは、子供の頃からずっと自分の気持ちを否定したり、疑ってばかりいて苦しんできた方ですから、この変化は「悪い魔法が解けたよう」であり、「うれしくて泣いてばかり」だったそうです。

悩みがある時、「もっとポジティブに！」なんてアドバイスしてくる人って多いですよね。

でも悩んでいる時、**「もっとポジティブに！」と思ってそうなれる人は、そもそも、「悩みとうまく付き合える人」**だと思います。

私は、ポジティブになるのは、「結果的に」そうなればいいことであって、その「プロセス」には、むしろ、自分の中にあるネガティブな部分と寄り添うことが大切だと思います。

それが、ここで言う「自分のダメな部分を認める」ということです。

「生きづらい」を感じて生きている人、つまり、悩みとうまく付き合えない人は、無理やりポジティブになろうとするよりも、まずは**自分のネガティブな部分を受け入れることのほうが先**です。

「正しいネガティブのススメ」とでも言うのでしょうか。

そしてこれは、私の書いているブログのタイトルにもなっています。

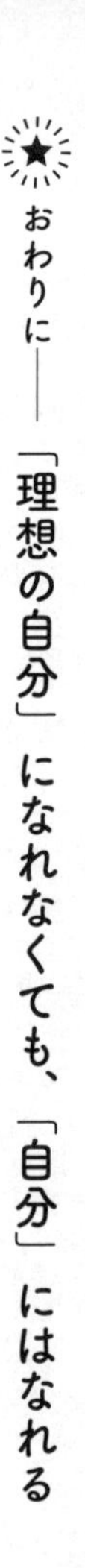

おわりに——「理想の自分」になれなくても、「自分」にはなれる

仕事がら、「どんな時、人は、生きづらくなるのか？」についてよく考えます。

この問いに正解はないと思うのですが、私の中では、**「人は、自分じゃないものになろうとする時、生きづらくなる」**という答えが一番しっくりくるのです。

では、「自分じゃないものになる」とは、どういう状態なのでしょうか？

たとえるなら、魚が陸で生活しようとしている状態です。

もしあなたが、

「あまりにも毎日がツラい」

「あまりにも人生がうまくいかない」

「あまりにもイヤな人ばかりに囲まれている」

そんな状態を「あまりにも長く続けている」なら、あなたはどこか「自分じゃないものになろうとしている」のかもしれません。

生きづらい時、多くの人は、「自分がダメだから、こうなっている」と自分を責めます。でも本当は、**「自分が自分でいようとしないから、こうなっている」**のかもしれませんよ。魚が陸で生活しようとするように。

もしかすると、**「こうなっているのは、自分がダメなせいではない」と気づいていないことが、あなたを生きづらくしているのかもしれません。**

魚は、猫になれないし、猫は、魚になれません。柴犬は、プードルになれないし、プードルは、柴犬になれません。あなたも、自分じゃないものにはなれません。

人は、「理想の自分」になれないことがあっても、「自分」になることはできます。

元々、「自分」だからです。

そして、「自分」になれば、生きづらいことはありません。

最後になりますが、ここまでお読みいただき、本当にありがとうございました！

本書が少しでも、あなたのお役に立てたなら幸いです。

杉田隆史

本書は、実務教育出版より刊行された『正しく悩む技術』を、
文庫収録にあたり加筆・改筆・再編集のうえ、改題したものです。

「なんだか生きづらい」がスーッとなくなる本

著者　杉田隆史（すぎた・たかし）
発行者　押鐘太陽
発行所　株式会社三笠書房
〒102-0072 東京都千代田区飯田橋3-3-1
電話　03-5226-5734（営業部）03-5226-5731（編集部）
https://www.mikasashobo.co.jp
印刷　誠宏印刷
製本　ナショナル製本

 ISBN978-4-8379-3079-2 C0130

面白すぎて時間を忘れる雑草のふしぎ

稲垣栄洋

みちくさ研究家の大学教授が教える雑草たちのしたたか&ユーモラスな暮らしぶり。どんな雑草もボ～ッと生えてるわけじゃない！ ◎「刈られるほど元気」になる奇妙な進化 ◎「上に伸びる」だけが能じゃない ◎甘い蜜、きれいな花には「裏」がある…足元に広がる「知的なたくらみ」

週末朝活

池田千恵

「なんでもできる朝」って、こんなにおもしろい！ ○「朝一番のカフェ」の最高活用法 ○今まで感じたことがない「リフレッシュ」 ○「できたらいいな」リスト……週末なら、時間も行動も、もっと自由に組み立てられる。心と体に「余白」が生まれる59の提案。

龍神のすごい浄化術

SHINGO

龍神と仲良くなると、運気は爆上がり！ お金、仕事、人間関係……全部うまくいく龍神の浄化術を大公開。◎目が覚めたらすぐ、布団の中で龍にお願い！ ◎考えすぎたときは、ドラゴンダンス！ ◎龍の置物や絵に手を合わせて感謝する……☆最強浄化パワー、龍のお守りカード付き！

K30653

いちいち気にしない心が手に入る本

内藤誼人

対人心理学のスペシャリストが教える「何があっても受け流せる」心理学。◎「マイナスの感情」をはびこらせない　◎〝胸を張る〟だけで、こんなに変わる　◎「自分だって捨てたもんじゃない」と思うコツ……etc.「心を変える」方法をマスターできる本！

ふしぎなくらい心の居心地がよくなる本

水島広子

最近、自分に何をしてあげていますか？　いいことは「求めすぎない」「受け容れる」ときに起こり始めます。◎ヨガでも料理でも「今」に集中する時間を持つ　◎「勝った」「負けた」で考えない　◎誰かの話をただ聴いてあげる……いつもの日常をもっと居心地よく！

夜、眠る前に読むと心が「ほっ」とする50の物語

西沢泰生

「幸せになる人」は、「幸せになる話」を知っている。○看護師さんの優しい気づかい　○アガりまくった男を救ったひと言　○お父さんの「勇気あるノー」　○人が一番「カッコいい」瞬間……〝大切なこと〟を思い出させてくれる50のストーリー。

K30650